W0347337

Je ne possède pas l'avenir,
Je possède un peu le passé
Il était beau.
Je vous en offre un petit morceau.

Bernard Duporge

Les culottes courtes

Dans ma jeunesse, on n'employait pas, pour les enfants, les mots pantalons ou shorts. Nous avions des culottes courtes, ou des culottes longues.

Les culottes courtes nous arrivaient au-dessus des genoux, les nombreuses écorchures dont ils s'ornaient le prouvaient. Ces culottes nous habillaient du printemps au début de l'hiver suivant. Ensuite, pour nous protéger du froid, nous avions droit aux culottes longues. Même le jour de la première communion, en juin, la plupart d'entre nous montraient leurs genoux, marqués de stries par la paille tressée des prie-Dieu, durant les longues cérémonies.

De longues chaussettes cachaient nos jambes, mais elles retombaient souvent sur les mollets, laissant à nu nos tibias de « tit ». Aux beaux jours, nous chaussions des kneppes, sorte de souliers à lanières, et l'hiver, souvent, des sabots. Drôlement bien les sabots pour glisser sur la glace des fossés ! L'hiver, une chemise chaude, un pull-over, une grosse écharpe, une veste : « Boutonne ta veste, tu vas attraper froid ! » Je rectifie, une veste boutonnée et le béret vissé sur la tête, nous affrontions le mauvais temps sans problème. Même pas fragiles ! Pour aller à l'école, un tablier, souvent noir à liseré rouge, qui se boutonnait sur l'épaule, et une ceinture. Elle était pratique en cas de bagarre !!

Avec ces culottes courtes, impossible de cacher les éraflures, assimilées souvent à des désobéissances : Mais qu'est-ce que tu as fait, disait ma mère en levant les bras au ciel, pour avoir des genoux pareils ? Je n'avais rien fait de mal. Peut-être étais-je monté sur le pommier de Madame Lassalle ? Ou bien je m'étais écorché en coupant de la fougère pour faire une cabane ? Ou alors j'étais tombé en sautant un petit fossé ? Ou alors je m'étais tout simplement mis à genoux pour jouer ? Ou alors j'avais reçu un coup de sabre fait d'une branche morte en jouant aux mousquetaires avec les copains du quartier ?

Les culottes courtes m'ont quitté à quatorze ans. Avoir des culottes longues tous les jours me changeait, d'autant que du jour au lendemain, ces culottes longues ont été anoblies : on les appelait des pantalons !!

À partir de ce moment-là, j'ai eu l'impression de devenir un homme. Enfin, de grandir. De changer de tranche de vie.

À la réflexion, ces culottes courtes furent le temps de mon enfance heureuse, ce temps où pas grand-chose n'avait d'importance. Ce temps où tout était simple parce qu'on était gamin, et que rien ne nous affectait. Le quotidien se déroulait avec seulement les écorchures de la chair (surtout des genoux !), mais elles cicatrisaient vite.

Les écorchures de l'âme viendraient plus tard.

Cicatriseraient-elles aussi ?

L'ÉCURIE DE LÉON

L'écurie de Léon, à une centaine de mètres de chez moi, est petite. Elle n'abrite que quatre vaches. Le soir, je vais y chercher le lait. J'entre, en attendant qu'il ait fini la traite, et je le regarde. J'aime cet instant. Une ampoule pâle brille faiblement. Elle éclaire à peine, comme pour ne pas déranger les araignées qui ont tissé leurs toiles dans chaque coin et recoin. Le bruit régulier du lait qui coule dans le seau, sous les doigts experts de Léon tirant sur les pis de la vache est un vrai spectacle. Du seau, monte une douce vapeur. Les odeurs de lait tiède, du foin de la mangeoire et de la paille de la litière se mélangent, faisant une savante alchimie que je sens encore au fond de mes souvenirs. De temps en temps, Léon se fâche avec une vache qui s'impatiente. Qui remue trop :

– Mais hil dé pute, bos raoujat ?

Je sais que c'est un gros mot. Je ne sais pas trop ce qu'il veut dire. Bos raoujat, par contre, je sais. C'est du patois. Il lui demande pourquoi elle veut faire l'enragée ! Elle se calme. Parfois, une autre donne un coup de queue, et fait voler le béret que Léon a sur la tête. En me montrant le pis d'un coup de menton, il me dit que c'est un endroit sensible. Alors une mauvaise pression, et la vache a mal. Toute une science alors que ça me paraît si simple !

Ici, dans cet espace fait de bois, de paille et d'odeurs tièdes, règne une douce sécurité. Allez savoir pourquoi, mais j'y suis bien.

À côté la maison, la véranda sert de cuisine. Marie, sa femme, y dîne seule, en attendant la fin de la traite. Léon mangera après. C'est comme ça depuis longtemps. Le souper de Marie est invariable. J'ai bien dit souper, pas dîner. Ici, à la campagne, le soir on soupe. On sait que pour les gens riches, le souper c'est vers minuit, mais ici, à minuit, on dort. Marie a ses habitudes, et ces habitudes sont pour elle, des règles de vie. À quoi bon changer ce qui plaît ? D'ailleurs, elle n'y pense même pas. Elle se prépare un grand bol de café au lait, rempli de pain coupé en morceaux. Une soupe au café au lait. Le soir, c'est sa seule nourriture. Elle dit qu'elle dort mieux. Tout en mangeant, elle écoute la radio sur un petit poste, dont l'antenne, en forme de ressort, est accrochée au plafond. Accrochées aussi au plafond, deux torsades gluantes retiennent dans leur gangue de colle, jaunie par le temps, les mouches et autres insectes imprudents. On les sortira plus tard.

– Aqui Radio Andorra.

Le son s'éloigne par à-coups, revient, repart. Régulier dans son mauvais fonctionnement. Marie a son explication :

– Es la grande rode qué bire, dit-elle.

Elle a peut-être raison, c'est peut-être une grande roue qui tourne, là-haut, quelque part dans les étoiles, et qui nous amène tous ces sons. Peut-être.

Marie dit que les émissions, ça vient de très loin, et elle se demande comment « ils » font pour les faire venir jusqu'à elle, dans sa misérable cuisine. « Ils », ce sont ceux qui font les émissions. Elle n'essaie pas d'imaginer, alors, quand elle en a assez de la grande rode qui bire, elle tourne le bouton. Change de station. On entend une voix d'homme, grave, polie, posée. On sent qu'il articule avec application :

— Chers auditeurs, vous écoutez Paris-Inter qui diffuse pour vous, en ce moment, le disque des auditeurs. Nous allons commencer cette soirée, en écoutant Berthe Sylva, chanter les Roses blanches.

Et suit la litanie des demandeurs : de la part de…, pour…,

Au titre, déjà, une larme a coulé sur la joue de Marie.

— Aco qu'es bet.

Elle a raison : ça, c'est beau.

La mélodie s'égrène :

— C'est aujourd'hui dimanche, et ma jolie maman…

Maintenant, je crois qu'elle pleure vraiment.

La traite est terminée. Léon a sorti les bidons de l'écurie. Marie les met au frais dans une mangeoire de pierre remplie d'eau. Ils l'ont trouvée dans le bois de la Berle. On dit que c'est un cercueil d'autrefois. Du temps des Romains, ou juste après. Il y en a beaucoup dans le coin. Demain, Léon portera le lait qui lui reste chez le laitier, après en avoir vendu quelques litres aux gens du quartier. Marie prend une mesure d'un demi-litre, en verse deux dans le petit bidon en fer-blanc.

Je lui dis merci, elle part se coucher. Léon ferme l'écurie après avoir donné un peu de foin à ses vaches.

Il va « souper » d'une assiette de bouillon, d'un morceau de boudin qu'il coupera sur le pouce avec le couteau qui ne le quitte jamais. Marie le lui reproche et dit souvent qu'un jour, il se fera mal. Elle ne le sait pas, mais plus tard, beaucoup plus tard, il trébuchera en coupant les feuilles d'un chou, et se plantera le couteau dans la gorge.

Eugène

Eugène est silencieux.

Lorsqu'il emprunte le sentier pour se rendre en forêt, il passe à côté de chez moi, sur le petit chemin de terre, derrière la grange. Il lève à peine la tête, mais il sait que je suis là. Je joue souvent à cet endroit. J'aime ce coin qu'un pied de citronnelle parfume avec délice.

— Bonjour petit.

— Bonjour Eugène.

Un jour où je jouais à un jeu qui semblait m'occuper énormément, à son bonjour habituel, je répondis, pressé :

— Oui, oui.

J'entends encore son éclat de rire. Pourtant, ils sont rares ses éclats de rire. Il faut dire qu'Eugène est simple. Discret. Dans son travail de gemmeur, il semble se déplier pour atteindre la carre du pin la plus haute. Il tranche le bois d'un coup sec et précis qui fait chanter le hapchot. Les galips tombent doucement, emportant avec eux cette résine qui colle aux doigts. La carre pleurait, et ses larmes venaient remplir le pot de terre, après avoir glissé paresseusement sur le zinc. Tous les quinze jours, il la ramasse. Avec des gestes lents mais précis, à l'aide d'une petite pelle, il vide le pot de terre dans l'escouarte, et le remet en place, coincé entre pointe et zinc.

À mi-parcours entre son menton et le chapeau noir vieilli et déformé qu'il ne quitte jamais et qui le protège du soleil ou de la pluie, sa grosse moustache en broussaille lui barre le visage. Malgré son air bourru, il a l'œil amical d'un papy qui sourit à l'enfant que je suis. Régulièrement, il va vers la dune du trou des bombes, faire gemmer les pins de Marian. Quelle histoire, ces deux bombes. Elles sont tombées tout près du bord de l'étang, pendant la guerre, d'un avion anglais, allant bombarder Royan m'a-t-on dit. Trop lourd, il avait largué un peu de sa charge. Dans un fracas assourdissant, deux grosses excavations se sont formées dans le sable friable de la dune. Petit à petit, l'eau les a remplies, et les grenouilles ont trouvé un endroit de plus à coloniser. À la déflagration, un morceau de plâtre s'est décollé du dessus de la porte de la cuisine de la maison, située pourtant à presque un kilomètre. Le morceau est tombé sur le landau dans lequel je dormais tranquillement. Même pas réveillé! A bien y réfléchir, toute ma vie a été comme cet instant-là. Tranquille. Frôlant le danger sans jamais le voir vraiment.

— Dis donc petit, tu veux venir avec moi tailler des galips?

Mémé a souri. La forêt proche n'est pas un danger, et je peux y aller sans crainte. Il faut faire attention aux serpents, c'est tout. En confiance, je suis Eugène.

Qu'elle est belle la forêt d'Eugène. Habituellement, le bois n'est qu'un endroit compact, où poussent des arbres. Simplement des arbres avec de la broussaille autour. Celle d'Eugène est différente. Lui, ses arbres, il les aime. Il les connaît, il les visite plusieurs fois par mois, de février à octobre. Un par un. Sans jamais en oublier. Habituellement, quand nous passons dans la forêt, nous prenons les chemins tracés par les charrettes, pas lui.

— Tu vas me suivre dans les menées. N'aie pas peur, on ne se perdra pas.

Je le suis dans ces petits sentiers d'une largeur de deux pas, qui serpentent de pin en pin, entre la fougère et l'aoùbés. Nous dérangeons des oiseaux qui s'enfuient en piaillant.

Dans la forêt d'Eugène, je me sens dans un autre monde, fait de mystère et de multiples cachettes. Je suis dans un royaume, et le roi de ce royaume me sert de guide. Je ne serais pas surpris d'entendre parler un pin. Il s'arrête sur le bord de l'eau courante d'un petit ruisseau. Il m'apprend son nom : l'Aiguillonne. Aujourd'hui, ce mot résonne de fraîcheur à mes oreilles. Il s'accroupit, met ses mains en godet et prend l'eau du fossé. Elle est claire. Jolie. Il s'en échappe un peu entre ses doigts mal fermés. Il la porte à sa bouche. Elle coule sur son menton.

— Ah, dit-il, ça fait du bien. Tu en veux un peu ?

J'essaie. Je ne réussis pas. Il ne reste que trois gouttes entre mes doigts. Il rit. Moi aussi. Qu'on est bien ici.

— Tu vois ce ruisseau, plus bas, dans le fond, vers l'étang, l'hiver, il s'étale et fait le marais.

Le ruisseau fait le marais ! Quelle phrase. Comme si le ruisseau, responsable, décidait de lui-même de faire quelque chose de sa vie, et d'élargir son parcours tracé depuis des années et des années. Comme une grande personne ! Je souris en pensant que le ruisseau pouvait faire le marais, comme ma mère pouvait faire la cuisine !

— Le coin est frais. À l'automne, tu y trouveras des cèpes.

En remontant vers la dune, juste avant le pré de Balloche, où Léon vient parfois faire pacager ses quatre vaches, sur une petite clairière de mousse, trois barriques attendent l'amasse.

— Je vais vider l'escouarte.

Il s'approche d'une barrique. Soulève le couvercle et vide son escouarte.

— La semaine prochaine, Georges viendra avec ses mules et la charrette. Il les portera au quai à résine, et Maurin viendra les chercher avec son camion, pour les amener à l'alambic de Sainte-Hélène.

Je vous dis que la forêt d'Eugène n'est pas une forêt ordinaire. Les pins n'y poussent pas que pour faire joli, ou pour servir de perchoir aux cigales l'été. Non. Il s'y passe des choses que je n'avais pas imaginées. D'habitude, on y ramasse du bois mort pour faire du feu à la cuisinière ou dans la cheminée. Rien d'autre. Maintenant, je sais que les arbres vivent. Qu'un tronc n'est pas qu'un morceau de bois seulement remué par le grand vent. Il donne de la résine. Cette résine donne d'abord cette odeur douce qui vient frôler la cime des fougères en embaumant l'espace. Maintenant, je sais qu'aux quatre routes, en plein bourg, là où passent les voitures, ça pue l'essence.

Eugène a fini la tournée de ses pins. Nous rentrons. Chemin faisant, je veux tout savoir : c'est quoi cette herbe ? C'est quoi cet arbre ? C'est quoi cette fougère pas comme les autres qui pousse au frais des fossés ? C'est quoi cet oiseau qui s'envole ? Et celui qui chante, comment il s'appelle, il nous siffle ? Il nous a vus ? Calmement, Eugène répond à mes questions.

— Il ne vous a pas trop embêté, demande ma mémé ?

Il sourit. Bien sûr que non. À lui aussi le temps lui a paru court.

L'odeur tenace de résine et de la forêt m'a accompagné jusque dans mes rêves. Je crois que cette nuit-là, j'ai parlé aux arbres. Ils m'ont répondu dans un murmure de vent, et je les ai compris.

Pourvu que je puisse en faire profiter ceux qui me liront un jour. Oui, vous avez bien entendu. Un jour, je raconterai tout ça. Même si les gens me prennent pour un fou.

L'ÉPICERIE DUFAURE

Cinq et trois huit, plus deux dix et six seize et je retiens un, et un deux plus trois cinq plus deux sept, et quatre onze : cent seize francs. Je vérifie : six et deux huit, plus trois onze et cinq seize, je retiens un, plus quatre cinq, et deux sept et trois dix et un onze : cent seize francs. Sur la feuille de papier où elle marquait le prix des divers achats, elle suivait les chiffres avec son crayon, de haut en bas et de bas en haut. Incroyable, Madame Dufaure savait compter dans les deux sens, et ça, ça m'épatait !

Son épicerie avait beau sentir le café, les épices, le poisson ou les légumes frais, ce qui m'étonnait le plus, c'était sa façon de faire l'addition. Avant de la commencer, elle s'était assurée que vous n'aviez rien oublié :

— Il ne vous faut pas autre chose ? Des pommes de terre ? Un peu de salé ? Il est joli aujourd'hui. De la lessive ? Du cirage ? Vous avez vu, j'ai reçu des fraises.

Non, ma mère n'avait rien oublié, c'était tout. Alors, elle commençait à faire l'addition. Rapidement, sans s'arrêter, le tout sur un ton monocorde. Elle aurait compté en latin, je me serais cru à la messe ! Comme elle était jolie cette musique rapide, ponctuée de « et je retiens » ! Elle me rappelait celle des multiplications à l'école, quoique les miennes chantaient davantage : na na na na, na na na na. Madame Dufaure n'hésitait pas comme je le faisais, surtout pour la table de neuf. Une horreur !

Madame Dufaure, son mari Roger et sa fille Paulette tenaient une des sept épiceries du village. Excellents commerçants, ils avaient fidélisé leur clientèle grâce à une chose curieuse : les pantoufles ! Pas n'importe lesquelles, les pantoufles du docteur Jeva !

Ce n'est que bien plus tard que j'ai appris que ce bon docteur était l'inventeur de cette sorte de pantoufle que l'on nommait Charentaise : Il avait réussi à leur coller une semelle plus épaisse et imperméable, ce qui la rendait utile par tous les temps, tout en gardant le pied au chaud. Autrefois, on appelait ces chaussures des silencieuses, car avec elles aux pieds, alors sans semelles dures, nul bruit en marchant ! J'ai même découvert que les gens de maison les portaient pour s'y déplacer, afin de ne pas déranger leurs maîtres. Les bijoutiers aussi les utilisaient, et, lorsqu'elles étaient trop usées, ils les faisaient brûler pour récupérer les éventuelles parcelles de métaux précieux fondus, qui seraient malencontreusement restées collées sur la pantoufle !

Chaque paire achetée chez Dufaure donnait droit à des points, et les points s'additionnant, on obtenait des réductions sur des voyages organisés par Monsieur Dufaure. Et des pantoufles, nous en usions pas mal. C'est donc grâce à elles que mes parents ont visité le Pays Basque, Royan, Saint-Émilion ! Plus loin, chez Meynieu, l'épicerie du Caïffa, on additionnait les points sur l'achat du café Marsan, et on gagnait des bons qui donnaient droit à des petites voitures. Enfin un cadeau pour les enfants ! Mais ce qui se faisait le plus dans tous ces commerces, c'était la conversation. Chacun y allait de sa nouvelle, grave ou amusante. On s'y rencontrait, on se donnait des nouvelles de tous. C'était bien.

Et puis un jour, l'épicerie Dufaure et toutes les autres ont fermé, la clientèle partait sur Bordeaux. Les pantoufles ne faisaient plus recette, et les voyages allaient bien plus loin que Biarritz ou Royan. À la place se monta une moyenne surface, puis il y a peu, une grande surface. C'est bien, on y trouve de tout. Enfin, presque de tout. Il y a un rayon qui a complètement disparu de tous ces grands magasins, c'est le rayon des conversations. Celles-ci se limitent au bonjour et à l'au revoir de la caissière, jetant sur vous un regard furtif car elle ne doit pas perdre de temps, le temps c'est de l'argent. Enfin, pas toujours pour elle…

Moi, je regrette l'addition dans les deux sens de Madame Dufaure. Je regrette aussi sa phrase : Vous n'avez rien oublié ? Et le petit comment il va ? Au fait, votre mère, elle va mieux ? Et Jean toujours sur la mer ?

J'arrête, on va me dire que je suis un vieux machin qui refuse le progrès.

Je vous le dis, mais ne le répétez pas, quand le progrès chasse les conversations, ce progrès-là, m'ennuie.

Vous n'avez rien oublié ? Un peu de ventrèche ? Et des pommes de terre, il vous en reste ? Regardez ces limandes comme elles sont fraîches. Tiens tant que j'y suis, je vous annonce que le prochain voyage avec les pantoufles du docteur Jeva aura lieu aux Eyzies. C'est beau les Eyzies…

La gare

La gare était à deux pas du village. Deux voies de chemin de fer traçaient une ligne droite entre les maisons et la forêt, laissant passer des trains de marchandises et de voyageurs. Sur la route de l'étang, la garde-barrière baissait et relevait les barrières rouges et blanches au rythme des convois. Un véritable spectacle, une invitation au voyage. Mais ce qui nous plaisait le plus, à nous gamins, c'était les voies de garage. Il y en avait cinq ou six, sur lesquelles stationnaient des wagons à repeindre, à réparer. La dernière voie, contre un coin de bois et de prairie où, paraît-il, il y avait eu, autrefois, un château, servait de refuge aux très vieux wagons. Les charnières cassées laissaient tomber doucement les menuiseries des portes, tandis que des flots de crins, traversés de ressorts rouillés, vomissaient, comme une chevelure folle, des sièges crevés.

Ces wagons délaissés faisaient notre bonheur. Pour nous, l'esthétique n'avait pas d'importance. Au contraire, cet air abandonné les offrait à nos rêves, comme des personnes âgées ayant vécu une vie d'aventures. En plus, ils étaient pratiquement à l'abri des regards, une chance pour nous.

Le jeudi après-midi, nous nous faufilions contre la clôture envahie par les ronces, qui, à la saison, nous offraient des mûres bien noires, juteuses à souhait. Nous les mangions au cours des haltes, dans les gares de nos voyages d'enfants, car ces wagons, attelés à une vieille locomotive désormais sans vapeur, nous permettaient de voyager à peu de frais, et d'aller dans tous les coins du monde.

C'est ainsi que nous décidions, un jour d'aller à Bordeaux visiter les quais et manger un bout. Le lendemain, c'était les Amériques qui avaient notre préférence.

— Mais comment on va traverser l'océan, demandait Michel ?

— Pas grave, affirmait Francis, l'océan j'en fais mon affaire. Tu fermes les yeux, tu attends un peu et tu te réveilles à New York.

Michel fermait les yeux tandis que nous imitions le tchou-tchou de la machine. Le coup de sifflet de Francis signalait que nous avions traversé les eaux sans encombre.

— Alors, tu les vois les gratte-ciel ?

Michel n'était pas un vrai rêveur. Il écarquillait les yeux avec une bonne volonté évidente, mais il avait beau se forcer, à part les pins de la forêt voisine, il ne voyait rien de bien haut. Francis insistait :

— Regarde mieux, tu vas les voir.

Et au bout d'un moment, en fermant les yeux, on voyait les édifices aux mille fenêtres.

— Tu comprends pourquoi on les appelle des gratte-ciel ?

— Oui, ils grattent le ciel tellement ils sont hauts. Mais ici aussi, disait-il en rouvrant les yeux, les pins grattent le ciel.

— Peut-être même qu'à force de gratter les nuages, ils finissent par les crever et c'est pour ça qu'il pleut ajoutait-il.

Nous n'avons jamais parlé de notre version de la pluie à notre instituteur en cours de leçon de choses. C'était notre secret.

Un jour, nous avions découvert dans le livre d'histoire qu'en Italie, il y avait une tour qui penchait depuis longtemps.

— Faudrait la voir en vrai avant qu'elle tombe complètement, dit Francis. Allez hop, tut-tut, direction l'Italie.

Après quelques tchous-tchous, trois ou quatre coups de sifflet et quelques grincements d'aiguillages, nous avons rejoint la tour de Pise.

— Qu'elle est belle !

Bien sûr, Michel ne la voyait pas.

— Mais enfin, Michel, elle est juste sur le côté, derrière la haie. Tu vois bien qu'elle penche !

— Ah non, ce que je vois de penché, c'est le pylône de chasse de mon père contre la Berle. Un filin s'est détendu. Faudra lui dire. C'est tout !

Il paraît que les rêves disparaissent dès qu'on les interprète. C'est vrai, nous n'avons jamais vu la tour de Pise servir de pylône de chasse, qui lui, par contre penchait un peu, à moins que ce ne soient les nuages qui, en défilant, nous le faisaient croire.

Nos petites gares d'autrefois, car elles étaient à nous, ont été détruites, sauf à Hourtin. Les voies ferrées ont disparu, remplacées par des pistes cyclables. Pourtant, la magie des lieux, même changés, est restée la même. Je suis sûr aussi que toutes les personnes des villages traversés par ces trains de la Compagnie de chemin de fer économiques, que nous appelions familièrement l'Économique, pour bien montrer qu'on se l'était accaparée, toutes ces personnes voient encore ces trains, ces voies ferrées. Pourquoi ? Grâce à la magie du rêve, grâce à la magie du voyage.

Les plus beaux voyages ne sont-ils pas ceux dont nous rêvons ?

Bien sûr que si.

La soupe aux choux

Je n'aime pas la soupe aux choux. Je trouve l'odeur déplaisante. C'est comme ça, je n'y peux rien. Pourtant, j'ai faim. Sur la grande table de la cuisine, la soupière fume et l'odeur envahit la pièce. Ma tante est assise en face de moi. Son assiette est pleine. Cuiller après cuiller, avec une lenteur calculée, elle porte à sa bouche le breuvage que je n'aime pas. Elle n'a pas rempli mon assiette à calotte, je n'ai pas voulu. Elle n'a pas insisté. Il faut dire qu'elle est là parce que, comble de malchance, ma mère et mémé sont malades toutes les deux. Sa sœur et sa mère. Elle est venue depuis le village de Méogas à bicyclette. Pour aider. En ne mangeant pas, j'ai l'impression que je lui fais de la peine. Déjà, ce matin, lorsque je l'ai vue préparer la soupe, quand j'ai vu le chou, j'ai senti que la journée allait être dure. Ma mère faisait parfois de la soupe aux choux, mais elle ne me forçait pas à en manger. Je l'ai dit à ma tante, avec un air très sûr :

— Maman ne m'en fait jamais manger.

La réponse a fusé. Directe.

— Elle a tort ! On ne demande pas aux enfants ce qu'ils aiment. Ils mangent ce qu'on leur prépare, c'est tout.

Et elle a ajouté :

— De toute façon, après la soupe, il n'y a que du chou à manger. Ça fait du bien au corps. En plus, dehors, il ne fait pas très chaud, ça te réchauffera.

Ça fait peut-être du bien au corps, mais pas à mon estomac. Il faut dire que j'ai un vague souvenir d'une soupe aux choux que j'aurais mangée, il y a longtemps, et qui, il me semble, m'avait fait mal. J'en étais sûr. Et comme j'étais sûr de ma certitude, je campais sur mes positions. J'attendais la suite du repas. Ma tante se leva. Elle prit une petite marmite, et la posa sur la table. Elle en sortit du chou, un peu de salé, une carotte et deux pommes de terre. Mit le tout dans son assiette, y versa un filet d'huile, se coupa une tranche de pain, et commença à manger. Je tendis mon assiette.

— S'il te plaît Tatie.

— Tu as changé d'avis, me demanda-t-elle ?

Non, je n'avais pas changé d'avis, je voulais simplement manger, mais pas de chou là non plus. Un peu de salé, une pomme de terre et une carotte. Ma tante me sourit gentiment. Finit de vider sa bouche, but un demi-verre d'eau teinté d'un peu de vin, et me dit calmement :

— Quand on n'aime pas la soupe au chou, on n'aime pas non plus ce qui va avec. Ça donne goût. Mais ça ne fait rien, tu mangeras mieux ce soir, dit-elle en piquant sa fourchette dans un morceau de petit salé.

Je fulminais. Je ne croyais pas ma tante comme ça. Elle qui était toujours gentille avec moi, elle me surprenait beaucoup. Mes yeux se mouillèrent, mais je me calmai vite. Après tout, cet après-midi, avec Francis, nous allions jouer dans la cabane, on chiperait quelques pommes aux pommiers du père Lassalle, je tiendrais jusqu'à ce soir, et ce soir, je mangerais à ma faim.

En rampant, nous sommes rentrés dans la grange d'Albert. Il y mettait les pommes à sécher. Elles parfumaient l'endroit. Avec les autres, qu'il laissait bien mûrir, il faisait du cidre. Parfois, les soirs d'hiver, quand il venait avec sa femme passer un moment à la maison, il en apportait une bouteille. Une fois libéré de la ficelle qui le retenait, le bouchon partait dans un bruit de coup de feu brutal, laissant une mousse claire et pétillante, s'échapper du goulot. Qu'il était bon ce cidre. Je crois que j'ai encore son goût acide qui titille ma langue, et pique le fond de ma gorge. Un vrai bonheur d'y penser.

Le plus dur n'était pas de chaparder les fruits, non, c'était d'éviter Miquette. Un vrai chien en réduction, mais avec une rage et un aboiement féroce, à l'opposé de sa fragilité. D'autres gros chiens ont la voix grave et rauque, lui, l'abominable roquet, ou plutôt elle, car c'était une chienne, avait un organe acide et bruyant. Sûrement pour compenser sa taille.

Quelques aboiements plus tard, nos quatre pommes dans les poches, nous franchissions, fiers de notre exploit, la porte de la cabane. Et là, heureux, chez nous, en parfaite autonomie, nous les avons mangées. Francis, une. Il avait bien mangé le midi. Moi, trois.

Une demi-heure après, une lourdeur sur l'estomac me préoccupa. Acidité des pommes ? Trop en un seul coup ? Le remords de notre geste indélicat ? Après une course jusqu'à l'Aiguillonne, j'oubliais ma douleur, tout rentra dans l'ordre. Maintenant, j'étais prêt à affronter le repas du soir, face à ma tante.

Ce fut vraiment un face-à-face, puisque les malades étaient toujours malades, et toujours au lit. Gentil, je mis le couvert. Ma tante, tout sourire, mit la soupière sur la table. L'odeur de chou remplit une fois de plus l'espace de la cuisine. J'entendis ma mère, depuis sa chambre, dire à haute voix :

— Que cette soupe sent bon.

— Ta mère va mieux, me dit ma tante.

Peut-être, mais moi, je n'aimais toujours pas le chou et sa soupe. Les pommes étaient loin et le creux que je sentais, maintenant à l'estomac, c'était la faim.

Je fis un gentil sourire à ma tante, mais je refusai, d'un geste de la main, la louche de soupe fumante. Elle n'insista pas. Je m'attendais à ce nouvel essai. Je me rattraperais sur la suite. La suite fut terrible. Sur la table, accompagnée du plus beau sourire de ma tante, la potée au chou, fumante, avait l'air de se moquer de moi !

— Toujours pas ? me demanda-t-elle ?

Puis elle ajouta, comme pour elle-même, c'est sûr que quand on n'aime pas, on n'aime pas.

Je sentis l'ironie du propos, et des larmes me montèrent aux yeux.

— Tu te rattraperas sur le dessert, me dit-elle.

Je fus rassuré. Elle m'avait préparé un dessert. Comme elle excellait en tarte maison, j'imaginais déjà l'allure du beau gâteau qui allait trôner au milieu de la table. Peut-être même avec un peu de crème ? La salive envahissait ma bouche et mon estomac se creusa un peu plus, comme pour me dire : patiente, ton supplice va prendre fin dans quelques instants.

La potée rangée, ma tante posa le dessert sur la table. Là, je crus défaillir. Je me sentis rougir jusqu'à la pointe extrême de mes oreilles ! Deux pommes, une pour elle, une pour moi, voilà quel était le dessert.

— Madame Lassalle est passée prendre des nouvelles cet après-midi, et a apporté une dizaine de pommes. Elle a dit qu'elle n'arrivait pas à les garder sur les étagères de sa grange, quelqu'un, pense-t-elle, les lui chaparde. Incroyable, non ?

Je mangeais la pomme avec difficulté. La colère, la honte, la faim, tout se mélangeait en moi. Mais j'étais trop fier pour abdiquer. Je ne dis rien, pensant que demain serait un autre jour.

— Tu verras, tu dormiras mieux cette nuit. Le soir, il ne faut pas trop manger.

Ce matin, je me dépêche, il y a école. J'avale en vitesse un bol de café au lait. Il me semble qu'il va très loin !! À midi, je vais dévorer le repas.

Je rentre très vite à la maison. Je vais voir ma mère et Mémé, elles vont mieux. Ouf! Je me lave les mains avec beaucoup d'application. Je m'installe. Ma tante pose la soupière fumante sur la table. Dans le fond, je suis assez content de ma bravade d'hier. J'ai tenu bon.

Elle soulève le couvercle de la soupière, remplit une louche, et me dit, tandis que je change de couleur :

— Tu n'aimes toujours pas le chou ?

Je vacille. De rage. De faim. Je suis sûr qu'après, il y a encore de la potée !

Je baisse la tête et je dis si doucement que je m'entends à peine :

— À vrai dire, je n'ai jamais vraiment goûté la soupe au chou.

Elle sourit, me verse une grande louche, où une tranche de pain trempe.

Je porte la première cuiller à ma bouche, à moitié pleine, avec lenteur. Je goûte du bout des lèvres. Je me fais violence. Je suis en train de perdre la face. Réflexion faite, ce n'est pas si mauvais que je le craignais. D'un coup, le mauvais goût que j'avais en mémoire à propos de ce plat s'éloigne. Disparaît. L'ai-je eu vraiment un jour ? Je ne sais plus. Je ne veux plus savoir. Ma faim est plus forte que mes craintes. Cuiller après cuiller, je finis par apprécier. Je mange tout. Je mange aussi une jolie feuille de chou, avec une pomme de terre et une carotte. Le petit salé est moelleux. Un régal.

— Alors ? me demande ma tante ?

Je lui souris.

— C'est bon. Très bon. Le mauvais souvenir que j'avais ? Je ne sais plus trop.

Ce jour-là, j'ai appris à me méfier des souvenirs. J'ai bien fait. Parfois, ils sont inutiles. Douloureux pour le moral. Dorénavant, j'essaierais de ne garder que les bons.

Un jour, bien plus tard, j'ai demandé à quelqu'un si les mauvais souvenirs laissaient des traces. Des traces, non, m'a-t-il répondu, des cicatrices oui. J'ai pensé que c'était la même chose.

Ce soir-là, je me suis couché heureux. Léger. J'ai eu l'impression que j'avais gagné un combat. Bien futile, certes, vaincre une assiette de soupe n'a rien de bien glorieux, mais c'est un combat quand même. Contre une idée ? Non, contre moi-même. Réflexion faite, ce sont peut-être les combats les plus durs, parce qu'on se voit rarement comme son propre ennemi.

Jamais, au grand jamais, je n'ai trouvé depuis ce jour, une soupe aussi bonne que la soupe au chou de ce soir-là.

Et puis les autres, depuis, n'ont jamais eu ce goût de victoire sur moi-même.

Le magasin d'Estelle

Dès que l'on poussait la porte, le carillon indiquait à Estelle qu'un client venait d'entrer. Petite bonne femme habillée de noir, illuminée par un feston de dentelle blanche sur la gorge, nez retroussé, paupières plissées derrière ses petites lunettes, yeux rieurs, elle arrivait de sa cuisine en trottinant, s'essuyant les mains à un tablier de cuisine dont elle avait fixé un coin dans sa ceinture en tissu. Elle souriait avec un air gentil. Ça, c'était le matin, parce que l'après-midi, elle était toujours assise derrière sa vitrine, à regarder passer les gens.

De sa mercerie - bonneterie - layettes - articles de Paris et articles funéraires, située au centre du bourg, sur le chemin des écoles, elle regardait les enfants grandir un peu plus chaque année, tandis qu'elle donnait l'impression de rapetisser un peu plus chaque année.

C'était ce même chemin qu'empruntaient les mariés pour aller de la mairie à l'église. Dans un autre sens, il conduisait de l'église au cimetière. Ainsi, toute sa vie de commerçante, Estelle a vu défiler le quotidien des gens de son village, de la joie à la tristesse.

— Le fils de Marguerite n'arrête pas de grandir.

— Tiens, la petite de Julia n'a pas bonne mine. Un rhume peut-être? Mon Dieu, j'espère qu'elle n'est pas poitrinaire!

— Regardez comme Françoise est belle dans sa robe de mariée! Son père n'est pas peu fier de lui offrir son bras.

— Ah, ce pauvre Arthur, voilà où mène l'abus de vin!

Et elle se signait devant le cortège funèbre qui passait.

Son magasin de bonneterie était un vrai nid d'aigle. Il y avait toujours dans la boutique, deux ou trois chaises de libres, qu'elle prêtait volontiers à des voisines qui avaient le temps d'observer le quotidien. À plusieurs, c'est mieux. On remarque plus les détails. Et dans un cortège de mariage, des détails, il y en avait. Du plus petit bibi à la moindre robe, du petit gilet au chapeau melon, tout était décortiqué, analysé, mais sans méchanceté. Juste par simple curiosité. On se posait des questions du genre : « Comment ont-ils fait pour se payer tout ça ? » Avec des réponses du genre : « Roger a dû faire couper une belle pièce de pins pour marier sa fille ! » « Tiens ce n'est pas leur cousine de Magudas au cinquième rang du cortège ? Attends ?... Si !... On les croyait fâchés ». Questions multiples qui font que les conversations sont toujours possibles quand on veut bien regarder les choses. Parfois, pour mieux voir la belle robe de la mariée, quelques-unes allaient se poster devant le porche de l'église, et elles regardaient encore le spectacle du bonheur, avec accompagnement des cloches sonnant à toute volée, annonçant qu'un nouveau couple venait de voir le jour dans le village.

Le village était avec la noce. Le village était heureux pour les mariés. Tout simplement.

C'était pareil pour les enterrements. Le village accompagnait le mort. Dernier voyage, dernier hommage à celui ou à celle qui avait partagé le quotidien. Chaque silence était une prière personnelle. Un mot intérieur. Un regret. Un souvenir. Une couillonnade. Enfin, quelque chose d'intime qui liait le mort à soi, histoire de se l'approprier une dernière fois. En ultime hommage d'amitié, les meilleurs amis ou amies s'étaient réparti les cordons du drap noir aux larmes d'argent brodées, qui recouvrait le cercueil. Le corbillard, tiré par la mule du père Arnaudin, avançait doucement. Le voyage était parfois long depuis les villages loin du bourg. Parfois deux heures à pied à suivre l'équipage. Au début, le cortège était silencieux. Mais les conversations, c'est comme la vie : ça reprend vite le dessus. Le long du parcours, chaque maison apportait de nouveaux accompagnants. Arrivé devant l'église, le cortège était devenu imposant. Après la cérémonie, on allait boire un coup en parlant une dernière fois du défunt. Pour ne pas le quitter vraiment quand la terre se serait refermée sur lui.

Estelle, tout au long de sa vie, derrière sa vitrine a vécu ces moments-là. Vendant des fleurs pour la joie, des babioles pour les naissances, ou des couronnes pour le malheur, toujours avec le même sourire.

Dans son commerce, les étagères étaient remplies de tiroirs qui cachaient tous des trésors souvent inutiles.

Mais le temps a fait son œuvre. Petit à petit, les perles ou les étoffes sortirent plus rarement de leurs tiroirs. Les couronnes mortuaires de perles mauves restèrent accrochées au mur. Insensiblement, le commerce d'Estelle devint inutile. Il revivait encore deux fois par an pendant quinze jours. Pendant ces quinze jours, la vitrine prenait un coup de neuf. De moderne. Le curé du village avait créé un groupe de jeunes, ils donnaient des concerts. Pour gagner un peu plus d'argent, ils organisaient une tombola, et les lots étaient en vitrine chez Estelle. Ça donnait un air de jeunesse à l'établissement. C'était joli, mais ça n'a pas suffi.

Un matin d'hiver, les volets de la vitrine ne se sont plus ouverts. Désormais, Estelle sortit de chez elle par le petit portail du côté pour aller faire ses courses. Elle ne vit plus grandir les enfants venant de l'école. Elle ne vit plus passer les mariés venant de la mairie. À sa mort, plus tard, de l'église au cimetière, elle passa une dernière fois devant son magasin. Rideau tiré.

ÉCOUTER LE SILENCE

— Tais-toi, on ne parle pas en mangeant, et on ne met pas les coudes sur la table ! dit mon père.

Le repas est l'instant où je me tais, et il m'en coûte, parce que tout gamin je suis déjà bavard. En plus, il faut que je me tienne bien droit !

— Sinon tu finiras bossu !

La sentence est tombée. C'est le cas de le dire, et elle me fait froid dans le dos : bossu. Mon Dieu. Du coup, je me redresse tellement que j'en bombe le torse.

— Ne fais donc pas le fier comme ça !

Décidément, l'apprentissage des bonnes manières n'est pas facile !

Pour revenir aux conversations, pendant les repas, elles sont réservées aux parents. Une fois le signe de croix tracé avec le dos du couteau sur la miche de pain de 700 grammes, la soupe est servie. Raoul, le boulanger fait trois sortes de pain : des 300, des 700 et des miches de quatre. 300 grammes, 700 grammes, et deux kilos. Le plus gros dure la semaine, et finit dans la soupe. Ah si, j'oubliais, un peu aussi dans la soupe du chien. Et Flossie, la bâtarde adorable, aime son brouet fait d'eau chaude vaguement graisseuse, avec deux pincées de gros sel. Avec les restes de gras et les os, le régime doit être bon, elle n'est jamais malade. Tous les jours, ma mère achète un 700 et une baguette de 300 grammes. Aujourd'hui, on n'ose même pas demander le poids du pain que l'on achète !

Les grands « sloups » que je fais en mangeant la soupe disparaissent d'un coup sous le regard furieux de mon père. Il ne fait pas chabrot. Je regrette. J'aimais, quand le cousin Fernand, de Carcans, pour les repas de fêtes, après l'avoir fait, passait sa main sur sa bouche pour l'essuyer, faisant à la fin, un « ah » de satisfaction, puis lissait sa grosse moustache où pendait un vermicelle égaré. Ma mère apporte le reste du repas sur la table. À ce moment-là, entre deux bouchées, les conversations commencent. J'écoute.

— La mère de Robert ne va pas bien, le docteur lui fait faire des piqûres.

— Qui lui fait ?

— La cousine Jeanne. Elle sait les faire, elle en a déjà fait quelques-unes.

La tranche de ventrèche recouverte de haricots devient la seule occupation du moment. La dernière bouchée passée, les conversations reprennent, sans moi.

— À la Gaîté, Hermance s'est engueulée avec Raphaël. Elle lui reproche de servir les doses de Pernod trop grandes.

— Il ne doit pas être content avec sa belle-mère.

— Exact, il l'a envoyé sous les roses.

Ma mère rit.

Le repas va se terminer, la liste des nouvelles a été distillée, et j'ai obéi, observant un silence parfait.

Ces silences m'étaient durs à accepter. C'est quoi cette maison où je n'ai pas droit à la parole ? Elle est donc réservée aux grands ? J'ai des tas de choses à dire, des tas de choses à demander, et je trouve que ce moment du repas est un moment de rencontre idéal pour en parler.

Francis est comme moi. Chez lui, pas un mot non plus au cours du repas.

Il fallait se rendre à l'évidence, les enfants étaient dans une catégorie vouée au silence par décision parentale. Il faut dire que tout nous était interdit, gentiment sans doute, mais interdit quand même. Il fallait observer des règles. C'était tout. Au moins, on savait où aller et où ne pas aller. Mais parfois, la curiosité l'emportait :

— Dis maman, comment on fait…

— Tu comprendras quand tu seras grand.

Ah bon.

— Et je serai grand quand ?

— Tu le verras bien.

Une chape de mystère m'entourait et je pensais que lorsque je serais grand, j'allais savoir une telle somme de choses, que je n'aurais pas assez d'une vie pour les assimiler. Parfois, pourtant, à la suite de bavardages entre nous dans la cour de récréation, j'osais.

— Dis maman, comment on fait les enfants ?

À son regard exaspéré, presque furieux, je comprenais que là aussi, je devrais attendre d'être grand pour savoir.

J'attendis donc en silence, du moins au cours des repas.

Ce plus tard a fini par arriver, et je compris que ce que je prenais pour des brimades était de la pudeur. Ma mère ne savait peut-être pas toujours comment répondre à mes questions embarrassantes, et elle se réfugiait derrière le fameux « tu comprendras quand tu seras grand » sans appel.

Est-ce que j'ai compris ? Non. Je me pose toujours des questions. Les réponses que j'y apporte sont vraies un jour et fausses le lendemain. J'ai répondu aux questions de mon fils avec ce que je savais. Qu'en fera-t-il ? Quand ses enfants lui poseront ces mêmes questions, les réponses seront sans doute différentes.

Aujourd'hui, les repas ont changé. On ne sait pas forcément comment se portent les voisins, ou bien si Raphaël ne respecte pas les doses de Pernod, mais la télé nous distille les nouvelles du monde entier que nous écoutons, la tête levée vers l'écran, la bouche pleine d'aliments à mastiquer, donnant un spectacle de grimaces curieuses, accompagné de hochements de tête, suivant l'importance de l'information, mais nous ne parlons que très peu.

— On ne fait pas de grimaces en mangeant !

D'accord papa, d'accord.

Depuis, je crois que j'ai compris. C'est dans le silence que l'on trouve des réponses, parce que c'est dans le silence que l'on est soi-même. La parole est jolie, elle habille l'éducation mais souvent, derrière une bonne éducation, la vérité en prend un coup.

Alors, quand je repense à ces repas silencieux, je retrouve une paix que je ne savais pas y trouver. Je me dis que c'est beau le silence.

Essayez. Croyez-moi, il s'écoute avec attention. Vous y entendrez chanter vos rêves. Vous y entendrez les réponses que vous attendez. Vous savez pourquoi ?

Non ?

Tout simplement parce que dans le silence, c'est vous-même que vous entendrez.

Et c'est l'essentiel.

Le millas

Petit, avant de vraiment comprendre les jours de la semaine, je reconnaissais le dimanche à trois choses : le matin, grande toilette où rien n'était oublié, ensuite on se préparait pour aller à la messe. Mais la troisième chose, la plus agréable, la plus savoureuse, la plus douce, c'était que le dimanche, ma mère faisait un millas !

Celui qui n'a pas connu ce gâteau n'a rien connu des douceurs du palais de l'enfance. Déjà, en voyant les préparatifs, je salivais. Cette odeur de vanille et de rhum que mettait ma mère dans la pâte, m'emportait vers un je ne sais où, qui ressemblait à du rêve, du voyage, de l'exotisme ! Le rhum peut-être ?

Une fois les mélanges savants terminés, elle mettait la pâte dans un moule, puis le moule dans le four de la cuisinière. Pendant que nous irions à la messe, Mémé le surveillerait, l'ausculterait avec une paille qu'elle planterait à l'intérieur, pour vérifier la cuisson, et au retour de la messe, il serait cuit.

Je connaissais par cœur la dernière phrase du curé : Ite missa est ! La messe est dite. Nous allions enfin pouvoir déguster le millas, et tant pis pour le péché de gourmandise dont on nous rebattait les oreilles, que je confessais, sur les conseils de ma mère, mais que je ne regrettais pas souvent ! Vite fait les bises aux cousins et cousines à la sortie de la cérémonie, vite fait les « à dimanche prochain » ou les « comment ça va », je pressais ma mère, il fallait rentrer. Je sautais sur mon petit vélo, donné par une cousine qui avait grandi et qui ne s'en servait plus. Aussitôt franchies les quatre routes, en passant sur le petit chemin de terre devant chez Analhie, la repasseuse, j'accélérais. En plus, la rumeur la disait sorcière, alors pourquoi s'attarder ? Passé la ferme de Léon et le coin de la grange d'Amélie, je crois que je devais être écarlate, tellement j'avais appuyé sur les pédales. J'avais laissé ma mère à au moins cinquante mètres derrière moi. Je jetais littéralement le vélo sur l'herbe, j'entrais dans la cuisine, et je me régalais du spectacle : le millas trônait sur une assiette, attendant son tour d'être mangé. Je m'arrêtais net et je bavais d'envie ! Cette envie me vaudrait au moins trois Pater et deux Ave, tant pis.

Il était splendide. Sa croûte, plus claire au milieu, faisait comme une caresse tendre à côté des bords plus bruns, parce que plus cuits, sans doute à cause du moule qui chauffait plus autour qu'au milieu. Enfin, c'est ce que je me disais. Et l'odeur ! Une promesse de bonheur dans la bouche. Après la soupe et le poulet du dimanche, il y avait le millas du dimanche.

Comme j'aimais les dimanches !

Venait alors le moment tant attendu. Ma mère découpait le gâteau, et en mettait un morceau dans mon assiette. En racontant cela, je salive et je retrouve le goût du millas qui m'enchantait. Je revois sa croûte légèrement rassie, craquante mais souple. Je revois l'intérieur tendre à souhait, qui exhalait un parfum ressemblant à celui de ma jeunesse, du temps où un millas suffisait à me combler.

Comme la vie est étrange, et comme les souvenirs, même culinaires, font du bien. Parce qu'autour de ce gâteau, je sais maintenant qu'il y avait plus qu'un goût de rhum ou de vanille, qu'il y avait plus que de la farine ou des œufs : il y avait l'amour avec lequel ma mère et ma grand-mère l'avaient fabriqué et nous le servaient comme si de rien n'était, sachant que nous adorions ce gâteau, en nous disant tenez, mangez, prenez en tous.

Dans la recette du millas, ne sont écrites que les proportions à respecter. Nulle part, il n'y est écrit la dose d'amour qu'il faut y mettre pour le faire. Pourquoi ? Parce que l'amour ne se mesure pas.

Proust avait sa madeleine, moi j'ai mon millas.

Mademoiselle Juliette

Mademoiselle Juliette a le regard dur. Sûrement à cause de la monture en écaille de sa paire de lunettes. Grande, élancée, chignon parfaitement établi, bras croisés, rigide, mon professeur de piano est figée à côté de moi. Assis sur le tabouret devant le clavier, un peu coincé, je joue. Je la sens juge de mes fausses notes. À l'oreille, je sais quand je me trompe, d'autant que mon professeur prend soin de me le faire remarquer en me tapant sur les doigts avec une règle. Je sais que je n'ai pas travaillé les quelques portées qu'elle m'a données à apprendre jeudi dernier. Enfin, pas assez.

Je supporte de plus en plus mal ces jeudis après-midi. Bien sûr, j'aime la musique. Mais bon, le jeudi, il n'y a pas école et je voudrais jouer avec les copains. À dix ans, c'est nécessaire. Le matin catéchisme, l'après-midi musique. Il reste quoi pour s'amuser ?

Je bute sur une croche.

— Recommence ! dit la voix dure de Mademoiselle Juliette.

En plus, il y a cette ceinture qu'elle met autour de la taille et qui maintient mes bras, afin que je ne joue pas du piano avec les coudes relevés, comme si j'avais des ailes. Les bras doivent rester collés au corps, sinon, tu vas ressembler à une oie qui s'envole disait Juliette ! Pardon, Mademoiselle Juliette. On ne badine pas avec la politesse. J'ai souvent demandé à ma mère, pourquoi on l'appelait mademoiselle, alors qu'elle avait déjà quelques années… Ma mère avait bondi. On disait mademoiselle, parce qu'elle ne s'était jamais mariée. J'avais insisté : Et pourquoi ? Encore un pourquoi qui était resté sans réponse.

Pas de mari. Pas d'enfants. Je pensais que c'était pour ça qu'elle était sévère. Il fallait bien qu'elle se fâche avec quelqu'un. Ma mère se fâchait de temps en temps avec moi, mais en dehors de ces moments-là, elle me souriait. J'avais le sentiment que Mademoiselle Juliette ne connaissait même pas le mot sourire.

Cette fois, je réussis à passer une croche en douceur, entre une noire ou deux, jouées par la main gauche. Cette fichue page de la méthode Rose, m'empoisonnait l'existence. Je bouillais d'impatience. À tous les coups, Francis aurait terminé la cabane dans le chêne, que nous construisions depuis deux semaines. La nuit allait tomber et le jeudi serait fini avant que j'aie pu aller m'amuser. Toujours pareil. Matin catéchisme, après-midi piano.

Il faut dire que je l'avais bien cherché. Tout avait commencé sur un piano de poupée, couleur rose bonbon, avec des notes qui sonnaient comme elles pouvaient. Leur son métallique résonnait à peine dans la petite caisse de bois. Un dimanche, au retour de la messe, j'avais sauté sur le piano jouet et pianoté le dernier cantique entendu à la fin de la cérémonie. Il me trottait dans la tête depuis tout à l'heure. Ma mère sortait le poulet qui cuisait au four, et l'arrosait de jus. À la mélodie, elle sursauta :

— Qui est-ce qui joue ?

Moi bien sûr, il n'y avait que Mémé et moi. Je revois toujours le regard étonné de ma mère. Brillant. Sa pupille dilatée était en parfait accord avec sa surprise. Moi, je m'amusais comme un fou. Je jouais ce cantique, je le rejouais, et je le rejouais encore. Mais le poulet était cuit, il fallait passer à table. Le cantique et son talentueux interprète furent le sujet de la discussion de ce repas du dimanche. Comment, sans connaître une seule note de musique, j'avais pu jouer un air entendu une fois ou deux ? Du coup, il avait été très vite décidé que j'apprendrais à jouer du piano, donc, je prendrais des cours. L'idée me plaisait.

On m'avait donc mis alors entre les mains de celle qui apprenait à toute une génération d'artistes en herbe du village : Mademoiselle Juliette. Après quelques semaines, j'avais compris que nous ne serions jamais amis. Le regard froid. Hautain. L'allure sèche. Tout me déplaisait chez elle. Elle devait le sentir. Elle est d'une grande famille, disait ma mère, d'où cet air sérieux qui me terrifiait. Je compris plus tard que sa grande famille était issue de la noblesse, elle avait un nom à particule. Il était joli ce nom, mais ça ne suffisait pas à la rendre sympathique. Du moins avec moi. Pourquoi ? Je ne l'ai jamais su. Il me semblait qu'avec les autres élèves, elle était moins sévère. Pourtant, je me souviens d'un jeudi où nous étions deux, Geneviève et moi, à souffrir de ses sarcasmes du genre : Vous n'apprendrez jamais rien, vous ne serez bons qu'à garder les oies ! Ou des vaches. Moi qui imaginais ma vie pleine de possibilités artistiques, je trouvais cela très réducteur. Assis avec Geneviève sur le siège en osier devant le piano, nous allions jouer un morceau à quatre mains. Et sans doute pour éviter que nous prenions l'envol en doublon, comme d'habitude, elle nous avait attaché les coudes au corps avec une ceinture. Le spectacle aurait pu être très drôle, il m'était apparu tragique. J'étais enchaîné comme un esclave à un instrument que j'adorais, et j'étais en train de m'en dégoûter. À côté de moi, Geneviève laissait couler ses larmes sur ses joues fraîches. Moi, crâneur, je souriais en coin. Voir sourire l'un et pleurer l'autre, avait mis Juliette, pardon Mademoiselle Juliette, en rage. Ce jour-là, nous avions eu droit à garder tout un troupeau où se mélangeaient oies, vaches, veaux et autres animaux de la ferme. À cet instant, je décidai qu'un jour, mais je ne savais pas lequel, j'enverrais paître la demoiselle avec tous les animaux de sa ferme !

Ça y est, j'arrive enfin au point d'orgue. La fin du morceau. Je savoure ce moment. C'est l'heure de la délivrance. La récréation arrive. Je vais sauter sur mon vélo, traverser les quatre routes comme un fou, longer la voie ferrée, tourner devant chez Léon et Amélie, prendre mon quatre-heures, une tranche de pain beurrée, recouverte de chocolat en poudre, et rejoindre Francis contre le ruisseau de l'Aiguillonne. S'il m'attend encore.

— Hébé, t'en a mis du temps, qu'il me dit, toujours les croches ?

Eh oui, encore et toujours les croches.

— J'ai préparé le toit, faut le monter tout de suite, il va faire bientôt nuit.

Il est heureux, il n'apprend pas la musique lui.

Le soleil darde encore ses rayons. Il va se coucher derrière l'étang et les dunes, en laissant une traînée rougeâtre sur l'eau, comme une caresse. Comme une promesse de beau temps pour les jours à venir. C'est ce que disaient les vieux : soleil rouge au couchant, beau temps. L'odeur de résine titille mes narines. Ça sent bon la térébenthine. Plus loin, sur le côté du chemin de terre, il y a quatre barriques remplies de gemme. Un petit couvercle, grand comme rien du tout, avec de la fougère verte comme joint, bloqué dans une charnière par une pointe recourbée, empêche le précieux liquide de s'écouler. Elles attendent la charrette et les mules de Georges. Il les amènera à la gare pour les embarquer sur le train à destination de la distillerie de Sainte-Hélène ou de Carcans, celle de chez nous est fermée depuis longtemps. Le local sert de garage aux engins des pompiers. Seuls, quelques plateaux qui recevaient la colophane, empilés par-ci par-là, témoignent de ce temps où la distillerie parfumait le quartier de l'alambic. Plus bas, le ruisseau de l'Aiguillonne chante sa chanson du printemps. Les basses eaux de l'été et de septembre la rendront plus silencieuse, tandis que novembre lui redonnera de la voix, qu'elle ira porter jusqu'à l'étang durant tout l'hiver, se prenant ainsi pour un grand fleuve. C'est qu'avec son mètre cinquante de large, il croit à sa grandeur le bougre. Presque chaque hiver, orgueilleux, il inonde le jardin et une partie de la maison des Lassalle !

— Hébé, tu dors ?

Francis me sort de mon rêve. Il a raison, le toit de la cabane doit être monté avant la nuit. Il faut se dépêcher. On le monte vite. Oh il n'est pas bien lourd. Juste de la fougère tressée à la va-vite, sur des bouts de branches. Ça y est, la cabane est finie. On ferme la porte faite d'un sac déchiré, en toile de jute. Qu'est-ce qu'on est bien chez nous. On est là, à ne rien faire d'autre que penser, quand Francis pose la question :

— Tu comptes apprendre encore longtemps le piano chez la vieille fille ?

La vieille fille ! Mademoiselle Juliette ! Heureusement que personne n'entend la phrase ! Quel crime de lèse-majesté. D'après les livres d'histoire, au Moyen-Âge, on pendait pour moins que ça. Il paraît, mais je n'en sais rien. En souriant, je comprends que mon copain pose la vraie question, non pas sur la vieillesse du professeur, mais sur l'utilité de se faire taper sur les doigts toutes les semaines, avec pour seul objectif : garder du bétail !

Il a raison. Je vais prendre les choses en mains dès la semaine prochaine. On descend de la cabane, heureux. On ferme la porte avec précaution. Il n'y a rien à voler à l'intérieur, mais ici, c'est chez nous. C'est à nous. Et les autres copains ?

— Si on veut dit Francis avec fermeté, ils y entreront si on veut.

Moi qui n'ai pas vraiment le sens de la propriété, je me sens rassuré d'avoir un copain comme lui. Peut-être qu'il n'a pas, chez lui, une mère qui lui dicte toute la journée la liste interminable des interdits, avec seulement quelques autorisations par-ci par-là. À la maison, le quotidien n'a pas, comme le catéchisme, dix commandements et interdits, mais beaucoup plus. Gagner son paradis est une tâche ardue !

J'ai pris ma décision un mercredi soir en sortant de l'école. J'ai sonné chez Mademoiselle Juliette. J'ai demandé la somme que lui devait ma mère, elle viendrait lui régler comme elle le faisait tous les mois. Mademoiselle Juliette me dit qu'elle me la donnera demain jeudi, puisque j'ai leçon à quatorze heures. Je lui réponds, les yeux dans les yeux, calmement, avec un léger sourire, que je ne viens plus prendre de leçons, j'en ai décidé ainsi. Il me semble qu'elle se raidit un peu, piquée dans sa fierté, devant ce jeune garçon qui se dresse sur ses ergots. Effronté au dernier degré, je l'assomme de cette phrase assassine :

— Et puis le jeudi, maintenant, j'aide Léon Campet à garder ses vaches, il m'a appris.

Je rentre à la maison, fier de moi.

Ma mère l'est beaucoup moins !

J'ai pourtant continué à apprendre la musique.

Un jour, j'ai même pris la place de celle qui jouait de l'harmonium à la messe. Ce jour-là, à la sortie, tout le monde félicita ce jeune organiste qui jouait si bien, sauf Mademoiselle Juliette qui sortit en rasant les murs. Mais je l'avais vue, et j'ai presque crié : Bonjour Mademoiselle.

J'ai appris depuis que la vengeance, même petite, est bien inutile. Mais à quatorze ans, je ne le savais pas.

Le secret de Noël

Le jour de la Saint-Vincent, la fête locale, cousin Dupré venait, depuis Carcans, se joindre à nous, et nous lui rendions la politesse en allant à Carcans, pour la fête de la Saint-Jean. Nous prenions la micheline à la gare proche, et une demi-heure après, nous étions arrivés.

Ce que j'aimais, chez ce vieux cousin, c'était les histoires qu'il racontait. Je les réclamais et je les savourais avec délices, autant que le millas du dessert.

— Cousin raconte-moi une histoire s'il te plaît.

— N'embête pas Cousin Dupré, disait Mémé.

Il souriait, et je comprenais qu'il allait me faire plaisir. Il se redressait sur sa chaise, toussait un peu, et semblait prendre son élan. Sa voix, grave et belle, emplissait la pièce :

— Tu sais qu'au début du monde, petit, avant les hommes, il y avait les bêtes. Dans nos contrées, elles vivaient en bonne intelligence, broutant l'herbe des prairies naturelles, s'abreuvant aux sources. Leur langage était commun. Ces bêtes ne savaient pas leurs noms, c'était inutile. Elles se connaissaient, ça suffisait. Le soir, elles parlaient entre elles de leurs journées, s'indiquant les bons pâturages, les bonnes sources d'eau fraîche. Tout ça sans heurt. Les espèces se côtoyaient. Se respectaient. Pas de bêtes plus puissantes les unes que les autres. Pas de bêtes voulant à tout prix faire la loi. Rien. Une grande paix dans une nature douce. Tout allait bien, et ce, pendant de longues et longues saisons. La vie s'écoulait paisiblement, rien ne venait troubler leur quiétude. Et rien ne laissait penser que cette quiétude allait, un jour, être interrompue. Elle durait depuis des temps immémoriaux, impossibles à mesurer, et toutes les bêtes étaient sûres que dans les millénaires qui allaient suivre, il en serait de même.

Hélas, tout changea le jour où elles virent arriver de drôles d'animaux. Ils marchaient sur deux pattes, criaient fort, s'agitaient, faisaient des moulinets avec des bâtons, faisaient de grands feux inquiétants, paraissaient menaçants, et ils l'étaient, puisqu'ils tuaient volontiers d'autres bêtes, dont ils se nourrissaient, alors qu'elles ne faisaient que brouter sans s'occuper de quoi que ce soit.

Devant ce danger, aussi effrayant qu'imprévisible, les animaux se réunirent : il fallait faire quelque chose. Oui, mais quoi ? Se montrer méchant et dangereux ? Ils ne savaient pas le faire. Élire une espèce dominante pour faire plier ces animaux curieux ? Pas question, ils étaient tous égaux. Une seule solution, il fallait essayer de parler avec eux afin de continuer à vivre en paix.

À force de les côtoyer, les animaux apprirent que cette espèce curieuse, qui hurlait, qui vociférait, qui se battait même entre eux, s'appelait l'espèce des hommes. Il fallait pourtant arriver à faire quelque chose, parce que ces hommes-là détruisaient tout doucement leurs pâtures, leurs forêts.

Ce ne fut pas facile de trouver à qui parler, aucune de ces créatures ne voulant le faire. Les plus vieux, qui semblaient pourtant être plus sages, ne voulaient pas s'embarrasser de ça. Ils parlaient dans leur coin, se rappelaient leurs propres histoires, ça leur suffisait. Les femmes ? Elles auraient sûrement accepté, mais leurs hommes se montrèrent farouchement opposés à ce qu'elles parlent avec les animaux. Alors eux ? Les hommes ? Quoi ? Nous ? Mais nous sommes ici chez nous, et nous n'avons besoin de personne et encore moins de bêtes pour nous dicter quoi que ce soit.

Un soir, dans une clairière, à la lumière de la pleine lune, les animaux firent le cercle. Le plus vieux, un taureau de quinze ans, dit qu'il avait remarqué que chez ces hommes, les plus jeunes, pas plus hauts que trois pommes, jouaient et semblaient plus pacifiques que leurs aînés. Moins farouches. C'est vrai, ajouta un mouton, il y en a même un qui m'a caressé gentiment. Il promenait ses doigts dans la laine de mon dos, et il souriait. Un âne gris raconta qu'un petit sauvageon, alors qu'il ne se méfiait pas, lui avait sauté sur le dos, et ils avaient fait un bout de chemin ensemble. Et il riait. On pourrait les contacter sans se faire remarquer par les autres, car ils jouaient souvent sur le bord de la rivière, tandis que les plus âgés partaient chasser loin de ces terres. Il fut donc décidé que l'âne et le mouton serviraient d'ambassadeurs, et iraient les voir.

Cette décision fut un événement historique, car c'était la première fois que les animaux en prenaient une telle. Il y eut, d'ailleurs, quelques rancœurs, parce que d'autres moutons, d'autres ânes, et même d'autres espèces, se dirent qu'elles auraient pu, elles aussi, faire ce travail d'ambassadeur. Les chiens, par exemple, se vexèrent énormément, car eux aussi, ils avaient joué avec les petits. Ceux-ci leur envoyaient des bouts de bois au loin, et eux, en jappant avec force, allaient les chercher. Souvent même, ils suivaient les hommes à la chasse, et apprenaient ainsi des ruses qu'ils ne savaient pas. Les chevaux ne prirent pas très bien de ne pas avoir été choisis. Notre hauteur, pourtant... Du coup, à l'issue de cette réunion, les animaux eurent l'impression que quelque chose s'était brisé dans leur si belle entente. L'unité semblait fragile, et tout ça à cause des hommes. La situation devenait urgente.

Donc, l'âne et le mouton partirent en ambassade. Un après-midi où les enfants jouaient sur le bord de la rivière, les animaux s'approchèrent, dirent bonjour.

— Comment t'appelles-tu, demanda un petit au mouton.

Le mouton ne savait pas son nom. L'âne non plus.

— Il faudra vous trouver un nom, dirent les enfants, sinon, on ne pourra jamais vous appeler.

— Nous appeler, mais pour quoi faire ?

— Pour jouer, dit un enfant, nous, nous avons tous des noms.

— Alors, demanda l'âne, si nous devons parler avec les plus âgés de chez vous, il faudra que nous ayons un nom ?

— Et oui, dirent les petits des hommes, nos pères en ont tous un.

Les ambassadeurs revinrent voir les leurs en leur annonçant cette curieuse nouvelle :

— Pour parler avec les hommes, nous devons tous avoir un nom.

Donc, dit le vieux taureau, il va falloir nous classer par catégories ?

— Eh oui.

Les vieux animaux secouèrent la tête avec désapprobation. Ils avaient fait sans nom jusqu'à ce jour, sans catégorie, il n'y avait aucune raison de ne pas continuer ainsi. Sans doute, mais si l'on veut entamer un dialogue, il faudra en passer par là. Pfff! Pas facile. Et surtout comment trouver des noms ?

Les ambassadeurs revinrent voir les petits des hommes. Ceux-ci en avaient parlé à leurs pères. Et ceux-là, dans un souci d'efficacité, proposaient leurs services pour leur donner des noms.

Ce qui fut proposé fut fait. C'est ainsi que le mouton sut qu'il était un mouton, un âne sut qu'il était un âne, un taureau sut qu'il était un taureau, un cheval, un cheval, une vache une vache, un chien un chien, etc., etc. On allait donc pouvoir commencer à discuter afin de vivre en bonne entente.

À la lumière de la lune, un soir d'été, et sous une myriade d'étoiles, les hommes et les animaux eurent leur première réunion de travail pour bien vivre ensemble. Ils s'installèrent, pas en cercle, comme d'habitude, mais face à face. Le vieux taureau pensa que ce face-à-face n'était pas de bon augure. Alors, demandèrent les hommes, vous voulez quoi ? En fait, les animaux souhaitaient garder leurs pâturages, ne pas voir de violence, et aucune brutalité, bestialité ou barbarie. Les hommes ricanèrent.

— Nous allons vous dire ce que nous voulons, nous les hommes.

Ils voulaient des terres, du gibier, la laine des moutons, le lait des vaches, la force des chevaux pour nettoyer les bois et préparer les cultures, le flair des chiens pour la traque, etc., etc. En un mot, ils voulaient tout, et ne promettaient rien en échange. Certains animaux n'y virent pas d'inconvénient. Les chevaux étaient flattés que l'on ait remarqué leur force, les chiens leur flair, les vaches leur lait, et les moutons leur laine. Par contre, d'autres refusèrent catégoriquement, et prirent le maquis. Ils s'éloignèrent des lieux avec rage, en disant qu'ils ne parleraient plus jamais aux hommes qui allaient les exploiter, ni aux autres animaux, qui acceptaient le servage et la volonté des hommes. Les hommes, eux, s'amusaient beaucoup de cette colère. C'est alors que se produisit une chose étrange, les animaux de même espèce, de même nom, terriblement fâchés les uns contre les autres, ne se comprirent plus, et cessèrent de parler, laissant la parole à ce nouveau maître : l'homme.

Des cris prirent la place des mots, et c'est ainsi que les ânes se mirent à braire, les chiens à aboyer, les chevaux à hennir, les moutons à bêler, etc., etc. les animaux s'aperçurent que les hommes avaient détruit leur belle entente, en les poussant les uns contre les autres, sous prétexte que telle espèce était plus forte, plus belle qu'une autre.

Longtemps, longtemps, durant des siècles et des siècles, on n'entendit plus parler les animaux.

L'histoire s'arrêterait là, si un soir de Noël, dans une étable obscure et froide, un petit enfant nommé Jésus n'était pas né. Autour de lui, son père, Joseph, et sa mère, Marie, et dans cette étable, comme pour la réchauffer, il y avait un âne et un bœuf. Leur souffle tiède donna à Jésus, un peu de chaleur.

Et Jésus, on l'apprit plus tard, avait des pouvoirs surnaturels. C'est ainsi que pour remercier les animaux d'avoir accompagné sa naissance, en souvenir de ce qu'ils étaient des siècles et des siècles avant, il leur permit de parler une fois par an, la nuit de Noël. En souvenir. Par contre, aucun homme, sous peine de mort, ne devait les entendre, c'était comme une manière de les punir d'avoir asservi les animaux.

C'est ainsi, petit, que pour Noël, dans le froid de la nuit, les animaux se parlent entre eux, et qu'aucun homme ne se risque à entrer dans l'étable.

— Jamais, jamais ? demandais-je à cousin Dupré ?

Il hocha la tête, reprit :

— Une fois, un mécréant, qui ne croyait pas à la légende, se cacha dans son étable, pour se rendre compte. À sa grande surprise, il entendit les vaches et les moutons parler entre eux. Il les comprenait. Il s'approcha pour mieux entendre, et ce qu'il entendit le pétrifia. Un mouton disait :

— Nous avons un homme bon comme maître. Il nous soigne bien, nous donne du bon foin, c'est dommage.

— Eh oui, continua un autre, c'est dommage qu'il doive mourir dans quelques jours.

À ces mots, la peur s'empara du paysan. Il rentra chez lui en courant. Sa femme, au retour de la messe de minuit, le trouva prostré à côté de la cheminée. Il lui raconta qu'il avait bravé l'interdit, et ce qu'il avait entendu. Effrayée, elle l'aida à se coucher. Lui fit boire une tisane pour le calmer. Il passa une mauvaise nuit. Le lendemain, il ne se leva pas. Le surlendemain non plus. Il ne mangea pas la nourriture que lui apporta sa femme. Trois jours après, il mourut.

— Cousin, il est mort de quoi ?

— Oh, moi, je crois qu'il est surtout mort de peur. Rien d'autre.

— Mais alors cousin, un jour, les animaux pourront de nouveau parler ?

Cousin Dupré secoua la tête, sceptique.

— Tu sais petit, tant que les hommes seront sur cette terre, ça servirait à quoi que les animaux parlent ? Les hommes savent tout. Connaissent tout. Décident de tout. Pour que ça puisse arriver de nouveau, il faudrait que le genre humain parle moins de lui, et surtout, surtout, qu'il ait envie d'écouter les animaux, parce que c'est sûr, ils ont sûrement des choses à dire, mais ça, c'est une autre histoire.

L'Américaine

À une trentaine de mètres de chez moi se trouve la maison d'Amélie. J'adore Amélie. Elle est gentille, elle rit toujours. Je me demande si un jour elle s'est fâchée contre quelqu'un. Je ne crois pas. Elle aime tellement s'amuser, que souvent, elle sort un vieux phono, et passe des disques de danse. Il paraît que c'est comme ça que ma tante Marthe et ma mère ont appris à Georges Coulonges, l'écrivain né à Lacanau, à danser sous les chênes devant la maison. Quelques années plus tard, il s'en souvenait toujours, et ce souvenir était cher à son cœur.

Le mari d'Amélie est mort il y a longtemps, et elle vit avec Maria, sa mère qui devient, tous les jours un peu plus, aveugle. Elle passe ses journées assise sur un fauteuil à dire son chapelet, et quand je m'arrête pour l'embrasser, elle me dit avec douceur que j'ai de la chance de voir. Elle dit ça invariablement à tous ceux qui lui disent un mot, et elle pleure. Tristement. Amélie, quand elle allait à Lourdes, ramenait de l'eau de la Grotte, et lui lavait les yeux. Le curé du village lui apportait la communion toutes les semaines. Sur son lit de mort, un sourire se dessinait sur son visage. Y voyait-elle tout à coup ?

Amélie, parfois, pourtant, joue les méchantes. Je dis bien joue, car c'est un jeu pour elle. Le quartier est peuplé de jeunes qui, parfois, échappent complètement aux ordres des parents. Dans ces moments de folies, les familles appellent le « ramponneau », personnage qui vient dévorer les enfants turbulents. C'est alors qu'Amélie intervient. Coiffée d'un chapeau d'apiculteur au large bord, habillée d'une robe guenille, le visage caché sous un masque à gaz qui lui vient d'on ne sait où, elle gesticule, vocifère, et sa voix, déformée par le masque, terrifie les turbulents, qui s'assagissent d'un coup. Mais je suis sûr que c'est un jeu pour tout le monde, et que personne n'est dupe. Je sais que c'est elle qui se déguise, ma mère n'a pas attendu que je sois grand pour me l'expliquer, mais je garde le secret, s'il y a secret !! En tout cas, le calme revient dans le quartier, et Amélie, qui avait disparu, réapparaît comme si elle revenait de faire des courses chez Dufaure.

Alice, c'est la fille d'Amélie. On ne la voit pas souvent. Elle ne vit pas ici. Il paraît qu'elle a épousé un Espagnol qui danse à merveille. Il est chauffeur de taxi. Je ne vois pas le rapport entre un taxi et la danse, mais je suis trop jeune, paraît-il, pour comprendre tout. Alors, j'attends d'être plus grand. J'ai compris plus tard. Alice était tombée sous le charme du danseur, et alors que je croyais que danseur c'était un métier, je me trompais. Je sais qu'on peut vivre de la danse, mais chauffeur de taxi, c'est mieux a dit ma mère. C'est plus sûr. Oh alors ! Et Alice ? Elle est coiffeuse. Une banale histoire d'amour entre une coiffeuse et un chauffeur de taxi. Pas tout à fait. Alice est coiffeuse, mais pas dans un village, son salon de coiffure est sur un bateau, et pas n'importe lequel : sur le Queen Elisabeth ! Elle navigue entre Londres et New York et elle parle anglais. Alors là, ça m'épate. Une femme d'ici ? Née ici ? Dans ce quartier où seul le patois est une autre langue ? Et je la verrai quand ? Elle vient aux prochaines vacances, annonce Amélie. Il me tarde, je n'ai jamais vu d'Américaine.

Alice est aussi gentille que sa mère, ou que ses frères, elle en a deux. Paul et Robert. Des boute-en-train d'exception qui amusent tout le monde. Ça me fait tout bizarre de la voir regarder sa mère sarcler les mauvaises herbes, entre rangs de fraisiers ou de petits pois, avec son chignon en hauteur, ses boucles d'oreilles immenses qui touchent sa mâchoire, ses robes aux couleurs voyantes et ses énormes lunettes de soleil cerclées d'écailles ! Elle a même un accent étranger parce qu'elle parle tout le temps anglais, et qu'elle a perdu un peu de son français. Moi qui me destine à la coiffure, je rêve déjà de voyages et de bateaux, puisque c'est possible. Je me vois, voguant au fil des vagues, occupé à raser ou à coiffer. L'étang proche, d'un coup, me paraît tout petit.

Alice repartie, la vie du quartier reprend ses droits. Reprend son accent aux teintes patoisantes.

L'été a été riche, nous avons vu une Américaine.

Les vacances à Carcans

Assis sur le siège arrière de la moto, je n'en menais pas large. Moi qui ne connaissais que la vitesse de mon vélo, il me semblait qu'on roulait à très vive allure. Je m'accrochais à Armand comme un noyé à une bouée. Ma peur l'amusait, malgré le bruit de la moto, je l'entendais rire.

Armand était venu la semaine précédente à la maison, je ne sais quoi faire, et il m'avait proposé de passer huit jours chez lui à Carcans. Descendants de cousin Dupré, l'invité de la Saint-Vincent, ils habitaient, avec sa femme Yvette et ses beaux-parents Éloïse et Fernand, dans une ferme à l'écart du village, au lieu-dit Couyrasseau.

Pour moi Carcans, c'était presque le bout de monde, et le mot vacances ailleurs qu'à la maison m'étant étranger, l'idée m'avait séduit. Il restait encore quinze jours de vacances avant la reprise de l'école, une semaine ailleurs, ce serait bien, ma mère était d'accord. Mais maintenant que je m'accrochais à Armand avec force, je m'en voulais d'avoir accepté.

Arrivé sans encombre à la ferme de Couyrasseau, mes jambes flageolaient un peu en posant le pied à terre. J'avais les yeux rougis par l'air qui m'avait cinglé le visage, pourtant bien caché derrière le dos d'Armand. Au retour, il avait été décidé que je prendrais la micheline. Ouf!

La ferme était au milieu de vastes prés, dans lesquels broutaient quelques vaches. Des pins poussaient en lisière, et recouvraient le reste de la propriété. Armand s'adonnait à sa passion: les abeilles, qui lui donnaient un miel délicieux, à l'acacia, aux mille fleurs, ou à la callune, la bruyère d'ici.

Dans ce temps-là, beaucoup de maisons, à la campagne, avaient un petit cabanon à côté de la maison, qui leur servait de cuisine. Une galerie couverte le faisait communiquer avec le corps principal. Chez les cousins, ce cabanon avait des allures de pièce principale, et portait le nom très joli de fournière. Le four à pain, qui ne servait plus, avait donné cette appellation à la pièce. Il se dégageait de l'endroit une ambiance très agréable. Il faisait bon vivre dans ce « raccourci » de maison dans lequel on trouvait tout, et que l'on quittait uniquement pour aller dormir. Une douce odeur de soupe tiède flottait dans l'air en permanence, et ouvrait l'appétit.

Ce soir, on emménagerait. J'avais la chambre à côté de la salle à manger, qui ne servait que pour les grandes occasions. Pour y accéder, deux pièces à traverser. Moi qui avais l'habitude, à la maison, d'un chemin plus court dans un décor que je connaissais bien, c'était une épreuve. À douze ans, la peur existe encore. Et puis on nous rebattait sans cesse les oreilles d'histoires de méchants qui se cachaient sous les lits pour mieux vous trucider. Des histoires de sorcières qui vous guettaient à chaque pas. On nous donnait même des détails horribles. Les menaces étaient le quotidien de l'éducation : Si tu fais ça, tu vas voir, tu seras puni ! Si tu n'es pas sage on t'enverra en maison de redressement. Regarde sous le lit avant de te coucher ! Attention j'appelle le ramponneau ! Attention aux sorciers ! Attention, attention, encore attention et toujours attention !

Je traversais donc ces deux pièces presque à la course, je me vautrais dans le lit, remontais les couvertures et l'édredon jusque sur les yeux, et j'essayais de m'endormir ! Mais en cette fin d'été, il faisait chaud, au bout d'un moment, je chassais l'édredon et la couverture. C'est à ce moment précis qu'une chouette, sans doute posée sur le pommier dans le pré voisin, se mit à chanter ! Je remontai aussitôt l'édredon et la couverture, glacé par ce cri lugubre et insistant. Il valait mieux avoir chaud qu'avoir peur. Et si c'était une sorcière ? Autant se faire petit.

Le lendemain matin, l'odeur de café au lait avait remplacé l'odeur de soupe tiède.

Je déjeunais lorsqu'Armand revenait de traire les vaches.

— Ce tantôt, on va aller arracher les patates dans le champ.

Chez nous, le mot après-midi était peu employé, nous lui préférions le tantôt. De même, nous disions adieu au lieu de bonjour, toujours adieu, au lieu d'au revoir, et patate au lieu de pommes de terre. On ne s'en porte pas plus mal.

Le champ était loin, il démarra son petit tracteur rouge, un « Pony ». On aurait dit un jouet. Avec ses petites roues à l'avant, je ne l'imaginais pas passer partout en forêt, mais il me fit mentir, et, juchés sur la charrette accrochée à l'arrière, une demi-heure après, nous arrivâmes intacts au champ. Après une heure dans la terre sèche à ramasser ce que je pouvais comme pommes de terre, je pensais vraiment qu'il était bien plus facile et bien moins salissant de les acheter chez Madame Dufaure. L'exercice m'avait transformé presque en bamboula, tellement j'avais pris de poussière.

— Dis donc petit, me dit Armand, tu veux conduire le tracteur au retour ?

Ébahi, je le regardais. Moi conduire ? Mais je ne savais pas.

— Je te montrerai.

Éloïse et Yvette étaient venues à bicyclette, je ne risquais pas de les chavirer dans un fossé. En fait, l'hésitation que je montrais cachait ma joie.

Je m'assis sur le siège, Armand, assis, lui, sur l'aile du tracteur, guidait mes gestes. Mes premiers coups de volant furent désordonnés, mais avec patiente et gentillesse, Armand me remettait dans le droit chemin, d'autant que l'allure était lente. Et puis, petit à petit, heureux, j'ai pris de l'assurance. Comme j'aurais voulu être plus loin de la ferme et conduire plus longtemps. Tous les jours, Armand me laissait le volant sur un bout de chemin, dans un pré.

Quand j'allais répondre à la question de l'instituteur nous questionnant sur l'emploi du temps de nos vacances, alors que les autres raconteraient leurs parties de pêche ou leurs baignades, je leur dirais d'un ton supérieur : Moi ? J'ai conduit un tracteur Pony ! Je tairais mes hésitations du début pour éviter les railleries, je tairais aussi mon visage noirci de poussière par la terre des patates, je tairais aussi la peur de la chouette qui chantait en se faisant passer pour une sorcière, je tairais ma peur sur la moto d'Armand, je tairais tout ça pour ne garder que le meilleur : j'ai conduit un tracteur Pony. À coup sûr, cette action allait me classer parmi les hommes, car si pêcher ou se baigner étaient des jeux d'enfants, conduire était réservé aux adultes. Un moment plus tard, j'ajouterais que ce tracteur tirait une charrette remplie à ras bord de patates ! Et le silence admiratif qui suivrait serait ma fierté.

Ah ! Ces vacances à Carcans !

Ma première pêche

Contre le chemin du decauville, derrière la clôture de la villa « Lou Jouquet », se dressait un bosquet de bambou. Une aubaine pour nous les mômes du coin, en quête de cannes à pêche. La mienne était longue, flexible. Je l'avais chapardée avec Francis. Il avait mille ruses. Alors que moi, on m'interdisait de prendre chez autrui, il me persuadait qu'ici, c'était chez Monsieur Brun ! Autrui, il ne connaissait pas. Donc, en passant la main par un trou du grillage, il n'y avait aucune crainte à avoir, il n'y avait pas vol. De toute façon, si on voulait pêcher, c'était la seule solution.

— Les bambous, disait-il, ça pousse comme du chiendent, qu'à force, ça va lui bouffer toute sa clôture. En les prenant, on la lui sauve.

Oh alors !

Je me rendis à l'évidence, non seulement ce n'était pas un vol, mais c'était un service que nous rendions à Monsieur Brun propriétaire du Jouquet, et il ne le savait même pas !

— Il faudra lui dire ?

Non, Francis n'était pas persuadé qu'il faudrait. Ma mère disait souvent que la charité était discrète, j'avais là un exemple de discrétion parfait. Francis était un saint, mais par discrétion je n'en parlerais pas non plus à ma mère.

Après la canne coupée, prête à l'emploi, il suffisait d'entailler légèrement sa fine extrémité, d'y accrocher un fil nylon, au bout du fil trois ou quatre plombs, un hameçon, et nous étions presque prêts à aller pêcher le repas du soir. Ultime travail, chercher des vers de terre. Lorsqu'à l'école, dans une rédaction, nous racontions notre pêche, nous écrivions « vers de terre », mais dans notre langage, nous cherchions des « boudic ». L'instituteur, d'ailleurs, avait fait une drôle de tête, la fois où l'un d'entre nous avait écrit : « Le boudic glissait entre mes doigts, et je n'arrivais pas à lui percer la peau, c'était un dur à cuire ! ». Je ne me souviens pas de la note qu'il avait eue, mais « Monsieur » lui avait dit qu'avec des méthodes de sauvage, il n'irait pas loin dans la vie.

Donc, ces bons lombrics rosés tortillant, se trouvaient dans les endroits frais, à côté de la pompe, dans la cour des poules. C'était amusant de les attraper, je ne me sentais pas barbare pour autant. Nous mettions de la terre dans une vieille boîte de conserve, les boudics dedans et hop, direction l'étang.

Comme il était joli ce port, avec ses bateaux de bois passés au goudron, la proue pointue calée dans une échancrure de terre et d'herbe. Je choisis ma place, à côté du hangar qui abritait la pinasse d'Émile. Émile entretenait et vérifiait le canal des étangs, s'occupait des écluses, et maintenait le niveau d'eau entre les étangs de Carcans-Hourtin et de Lacanau. L'endroit était plus profond, et avait la réputation d'être poissonneux. Le premier boudic se fit avaler sans contester, mais trop vite, je ne relevais qu'une ligne seule. Le deuxième me revint, après un bon coup de canne, à moitié dévoré. Moralité, il y avait du poisson dans ce coin. Les copains, lassés par une pêche peu fructueuse, s'étaient égayés tout autour, et étaient partis vers le plongeoir. Moi je n'y allais pas pour deux raisons. C'était dangereux, avait décrété ma mère, et je ne savais pas nager, donc je ne savais pas plonger.

J'admirais les plongeurs, le jour de la fête de l'étang, qui pourchassaient des canards aux ailes coupées, jetés à l'eau par les organisateurs, et qu'il fallait attraper. Et comme un canard à l'eau, ça disparaît sous l'eau, il fallait plonger et nager sous l'eau. Un jour je le ferais. (Je vais vous faire une confidence, je ne l'ai toujours pas fait.) Il est vrai que le port, envahi par les bateaux, n'est plus aussi joli qu'avant, et que l'on n'y jette plus des canards depuis belle lurette, et que la fête de l'étang a perdu les saveurs qu'elle avait à l'époque.

Parenthèse : un soir de fête de l'étang, où, avec mon frère et ma mère nous assistions au feu d'artifice, envoûté que j'étais par les bombes qui éclataient de partout avec des étoiles de toutes les couleurs, j'avais hurlé, au milieu de la foule assise sur les berges : "Vive la bombe atomique !" À côté de nous, Pierre Lavergne, maire de l'époque avait éclaté de rire en disant que j'étais bien au courant de l'actualité. C'était vers 1948, j'avais quatre ans, et l'atoll de Bikini était devenu célèbre par les essais de bombes atomiques, réalisés par les Américains. Tout le monde, à l'époque, s'extasiait, alors pourquoi pas moi. Toujours est-il que ma mère était plutôt gênée.

Revenons à ma pêche :

Je commençais à perdre patience, et surtout à épuiser mon stock de boudic. Il m'en restait deux. Bof! Coupés en deux entre les ongles (pardon Monsieur l'instituteur), je pouvais continuer un moment.

Soudainement, ma canne plongea littéralement au fond. Je tirai comme un forcené, et je sortis un magnifique poisson-chat.

À ce stade de l'histoire, je fais une parenthèse sur les poissons-chats. Ils ont la réputation d'être immangeables : c'est faux ! Ma mère en achetait même à la marchande de poisson, Madame Labarthe. Elle pelait les poissons-chats, leur coupait la tête, levait les filets, les roulait dans la farine, et les faisait frire, en les saupoudrant d'ail et de persil. Savoureux. Et si dans la soupe de poisson de l'étang, vous ne mettez pas un poisson-chat, elle sera beaucoup moins bonne. A vous la raconter me vient une envie folle d'en manger !

Donc, je tiens mon poisson. Je crie, je hurle, pour que ça se sache, mais les copains sont loin et ne m'entendent pas. Je décroche ce beau poisson, je le tiens dans la main et, fier, je le regarde. Je ne sais pas si vous avez déjà pris un poisson qui frétille dans la main, mais ça va vite. D'un vif coup de rein, le poisson glissa de ma main, tomba sur l'herbe de la berge, et se tortilla si vite et si bien, qu'il repartit aussitôt dans l'eau ! Les copains arrivaient.

— Alors, ça mord ?

J'expliquai ce qui venait de se passer. Ils m'ont regardé en souriant. J'ai bien vu qu'ils ne me croyaient pas. J'insistais et je racontais de nouveau toute l'histoire, avec une belle conviction. Toujours des sourires ironiques. L'un d'eux me dit :

— Tu racontes bien les histoires, tu devrais en écrire, ça ferait rire !

Voilà la triste histoire de ma première pêche, et de mon poisson-chat que personne n'a vu à part moi. Alors, comme me l'avait conseillé ce copain, je vous l'ai racontée.

Mémé et cousine Marie

Mémé, ma grand-mère, et cousine Marie étaient d'une parenté qui m'échappait. Ça remontait à une génération, mais c'était trop compliqué pour moi. De plus, je m'en moquais, Marie était cousine Marie, ça me suffisait comme explication. D'autant que des cousines, il y en avait pas mal. Céleste par exemple. Ah ! cousine Céleste, comme elle était gentille. Elle aimait me faire des bises, mais ses bises piquaient à cause des poils drus qu'elle avait au menton, du coup, je n'aimais pas les bises de cousine Céleste. Aussi, quand on passait devant chez elle, sur le petit chemin de terre qui longeait sa maison, derrière la voie ferrée, je courais pour lui échapper. Elle disait en riant à ma mère : Ton fils sera sportif, il court toujours. Avec le recul, la clairvoyance des vieux dont faisait partie Céleste en a pris un coup, je n'ai jamais fait de sport de ma vie ! Sans doute parce que toutes les bises des femmes que j'ai rencontrées ne piquaient pas, et que je n'avais pas besoin de courir pour les éviter.

Il y avait aussi cousin Dupré, qui me racontait si bien les histoires. Il habitait Carcans, le village à côté, et l'éloignement ajoutait du mystère à ce cousin qu'on ne voyait qu'une fois par an, pour la Saint-Vincent, la fête locale. Après la messe, il se rendait chez nous pour déjeuner. Nous ne l'avions pas invité, mais c'était la coutume : le jour de la fête locale, les cousins des villages voisins pouvaient se rendre dans leurs parentés à l'heure du repas, sans y avoir été invités. Nous faisions pareil chez eux. La tradition servait de carton d'invitation. Que faisait-il ? Il avait une grande ferme. Il arrivait toujours bien habillé, avec un joli chapeau et une canne. En partant, il me laissait une pièce de cinq francs, c'est le cousin que je préférais.

Mémé s'était retrouvée veuve, deux ans avant ma naissance. Cousine Marie, elle, était veuve d'un garde forestier, et avait habité longtemps dans une maison forestière, vers Lacanau-Océan. Quand on parlait de ce lieu de la commune, on avait supprimé Lacanau, et on disait simplement l'Océan. De même lorsque nous allions à la plage, en prenant la micheline, nous n'allions pas à Lacanau-Océan, mais à l'Océan, tout simplement.

Les ayant connues veuves, je n'ai jamais su si du temps de leurs maris, elles avaient porté des robes de couleur. Leurs vêtements étaient noirs. Le deuil permanent. Si d'autres voyaient dans ce noir, de la tristesse, moi, j'y voyais une certaine noblesse, une forme de dignité qui leur donnait l'air d'être au-dessus des choses de la vie courante. J'avais donc décrété que les femmes aux robes de couleur s'agitaient, tandis que les femmes en noir prenaient leur temps, un peu comme ces oiseaux de mer qui planent lentement, avec majesté, alors que les moineaux, au sol, piaillent et s'agitent sans cesse. Leur parenté était soi-disant proche, mais à l'âge que j'avais, à part ma famille immédiate, les autres m'étaient lointains. Peu importe, elles étaient cousines, je respectais.

Mémé avait un rythme de vie réglé comme du papier à musique. Faire la cuisine, couper du bois mort à la serpe, faire le jardin, raccommoder les vêtements, tricoter. Ce qui m'amusait le plus, c'était de la voir tricoter des chaussettes. Pour les autres ouvrages, pull, par exemple, deux aiguilles suffisaient. Pour les chaussettes, il en fallait quatre, afin de faire l'arrondi nécessaire, parfois cinq. Elle le faisait très vite, sans jamais se tromper. Un vrai spectacle.

Nous vivions avec elle dans la maison de l'Alambic, en bordure de la forêt, à deux pas du bourg, où nous allions par un petit chemin de terre. Son mari, Jean Rambert, l'avait fait construire en 1905. Elle avait une allure de petit château, et je pense que c'est à cause de cela qu'il était surnommé « Castérot » petit château.

Le quartier de l'Alambic. Ce nom me faisait rêver. L'alambic avait disparu, faute de résine sans doute, et un garage, seul vestige des lieux, servait d'abri pour les sapeurs-pompiers. Je regrettais de ne pas voir les plateaux remplis de colophane sécher au soleil sur le pré d'à côté. On me l'avait tellement raconté, qu'il me semble que ma mémoire les a photographiés.

Cousine Marie arrivait, à pied, depuis Cantelaude. Après les bises et les "comment allez-vous?" de circonstance, avec Mémé, elles allaient s'asseoir sur un petit banc, contre le mur en brique de la grange, en plein sud. Le soleil faisait du bien à leurs douleurs, et leur conversation commençait. Autant Mémé était sobre, autant cousine Marie était exubérante. Je m'asseyais par terre, et je les écoutais. Pourtant, je ne les comprenais pas. Normal, elles se parlaient en patois.

Je ne comprenais pas, mais la musique de ces mots me fascinait. Il s'en dégageait comme une mélodie, que mon oreille musicale attrapait avec plaisir, et me faisait dire que ce qu'elles se racontaient devait être joli.

Une phrase sortait régulièrement de la bouche de la cousine: Té didi jou! Et elle secouait la main. J'ai su, plus tard, que ça voulait dire: Ah je te dis, moi!!

Parlaient-elles de leur jeunesse? Avaient-elles eu une jeunesse? Je pensais que non, je les avais toujours connues vieilles. Mais que pouvait-on se dire durant tout un après-midi? Je ne savais pas. Ma mère, quittant son ménage, venait les trouver de temps en temps, et cousine Marie lui demandait des nouvelles de mon père. « Alors, Jean navigue toujours ? » Eh oui, il naviguait toujours, ce qui était normal pour un marin.

— Et il est où en ce moment ?

— Ce matin nous avons reçu une carte de Dakar.

— Chez les nègres ? Hébé, té didi jou !

Eh oui.

Les mots tombaient en chantant dans mes oreilles. *Oh pardi bous aoùts ! M'en parles pas ! L'aoureil bis ! L'aoùti joun ! La bugade ! La clouque ! Lou gat ! Lou can ! Lou hil ! La hille ! Sas, das cops ! Aco pot ana. Aco ies !* Les phrases s'égrenaient avec des mots mystères et moi je rêvais que j'étais dans un pays dont je ne comprenais pas la langue. Un pays où les gens parlaient sans s'occuper de moi, et m'acceptaient comme j'étais, assis à leurs pieds, les jambes croisées, émerveillé devant leurs discours savants et hermétiques. C'était mon conte de fées à moi.

Plus tard, j'ai compris que ces mots mystérieux qui avaient disparu me manquaient. Ce fameux gascon, appelé couramment patois, dont la génération de ma mère avait été privée à l'école, parce qu'elle n'avait pas le droit de parler cette langue de sauvage, était l'âme de ce pays. J'ai appris que pourtant, ses parents se parlaient patois toute la journée. L'Éducation nationale avait fait table rase de ce langage. À cause d'eux, nous sommes dans le pays de la parole volée. Alors, de temps en temps, je le parle ce patois, je le lis et je retrouve sa poésie. Je retrouve Mémé et cousine Marie, assises sur le banc devant la grange. Je revois le soleil qui les chauffait. Je vois leurs lèvres remuer et j'imagine leurs conversations ponctuées de « té didi jou » Ah, je te dis, moi !!!!

Et puis je vois cousine Marie se lever, repartir vers Cantelaude en empruntant le chemin de terre à travers les pins de Marian. Je vois Mémé prendre sa serpe et la brouette, partir couper du bois mort dans la forêt proche. Elle l'accompagne un moment. Je vois leurs silhouettes noires disparaître tout doucement, un peu comme si elles s'échappaient d'un conte.

Té didi jou !!!!!!!!!!!!!

La limonade de la Gaîté

— Bernard, tu viens avec moi, me crie mon père alors que je suis au fond du jardin à jouer à je ne sais quoi.

— Où ça ?

— À la Gaîté.

— J'arrive tout de suite. Ma mère veut vérifier si j'ai les genoux et les mains propres, j'esquive, je ne veux pas retarder mon père.

Donc, parfois, mon père m'emmenait au café de la Gaîté. C'était « LE » café du village. Il y en avait pourtant cinq autres dans le bourg, sans compter les buvettes de la gare, mais celui-là avait les faveurs de mon père, et donc de moi. Il y avait travaillé quelque temps et s'y sentait chez lui. Le café de la Gaîté trônait aux quatre routes. Je dis trônait, car il était surélevé, et il fallait monter une marche ou deux pour accéder à la terrasse, et une autre pour entrer dans la salle. Deux petits pavillons l'encadraient, dont un faisait office de salon de coiffure. En attendant leur tour, les clients patientaient en jouant au billard, au jeu du bouchon, à la belote, et surtout au truc, ce jeu de cartes où mentir est essentiel !

Aller dans ce café était pour moi un moment de fête. Une douce odeur de limonade et de sirop y régnait, faisant de ce lieu un endroit sucré. Comme j'aimerais posséder un jour un endroit pareil ! Je tirais doucement mon père par le pantalon : Je peux boire une limonade ?

— Toute seule ?

— Avec de la menthe ?

— Raphaël, un panaché menthe pour le drôle, et un Pernod sucre pour moi.

À cette époque, panaché ne voulait pas dire seulement bière et limonade. Il y avait ainsi du panaché vin blanc, du panaché vin rouge, du panaché menthe, citron, orange, etc., etc., n'importe quoi avec de la limonade.

Je me hissais sur un tabouret devant le bar, et je buvais mon panaché menthe avec délice, tandis que mon père, versant un peu d'eau, laissait fondre son sucre sur le Pernod, goutte après goutte, en prenant son temps. Derrière le comptoir, Raphaël essuyait les verres avec une lenteur totale. Leur conversation m'effleurait à peine, je captais quelques bribes de phrases, mais mon attention était tendue vers les joueurs de billard. En tapant dans une boule blanche à l'aide d'une longue queue de bois, à l'embout préalablement bleuté à la craie pour éviter de glisser sur l'ivoire, ils tentaient de faire tomber, en frappant d'abord une autre boule, un petit morceau de bois placé au milieu du rectangle vert, qu'ils appelaient le bouchon. Celui qui y parvenait, prenait l'argent des mises, ou bien payait une faute s'il faisait tomber le bouchon avec une mauvaise boule. Les parties étaient ponctuées de cris, de rires, de jurons.

Dans un coin du bar, Hermance, belle-mère de Raphaël, veillait au grain, pistant tout, tandis que Fernande, sa femme, s'occupait du salon de coiffure avec Irène, l'employée.

La Gaîté portait bien son nom, car des éclats de rire ponctuaient les conversations. Et cette odeur de limonade qui me tenait aux narines.

— Alors, elle est bonne ta limonade ?

Oh oui elle était bonne. Les gens qui la fabriquaient devaient être de sacrés connaisseurs, et j'imaginais que ces bouteilles, qui fermaient avec un bouchon de porcelaine blanche muni d'un caoutchouc, monté sur une armature en métal, venaient sans doute de loin, de très loin. Et il fallait être bien savant pour faire d'aussi bonnes choses.

À ma remarque, mon père éclata de rire.

— Demain, je te réserve une surprise.

Je ne voyais mon père que deux mois par an. Marin dans la marine marchande, il sillonnait les mers et les océans sur des cargos mixtes, marchandises-passagers, comme responsable de la nourriture à bord. Ces marchandises étaient entreposées dans un endroit appelé la cambuse, donc mon père était cambusier, et aussi maître d'hôtel, il servait également le repas au carré des Officiers. Pour moi c'était un métier de rêve, fait de voyages. Pour ma mère et pour lui, c'était moins sûr. Après dix mois d'absence, il arrivait début juillet, repartait fin août. Entre-temps, infatigable, il faisait la saison dans un restaurant de Lacanau-Océan. Avertis par courrier de son arrivée, nous allions l'accueillir à la gare, puis fin août, un télégramme en dix mots le rappelait : « Embarquement après-demain 28 sur cargo Les Andelys au Havre ».

Il partait dans l'heure et nous l'accompagnions de nouveau à la gare. Sur le quai, Monsieur Ayache vendait des croissants et des chocolatines. Mon père m'en achetait deux, son départ me faisait moins mal !

Ensuite, les lettres arrivaient et surtout, les cartes postales, au rythme de ses escales. Dunkerque, Anvers, puis vers le sud : Dakar, Lomé Cotonou, Port Gentil, Lagos, Apapa, nom qui me faisait rire lorsque je disais la gosse à papa ! Puis c'était l'Afrique du Nord avec Casablanca, Tanger, Alger, Oran, Constantine, Bône, Tunis. Il est arrivé d'en recevoir de Madagascar, de l'île Maurice du cap de Bonne-Espérance. À la lecture de ces cartes, je voyageais sans quitter la maison. Je me demande si ce n'était pas mieux, j'ai toujours pensé que le rêve était plus beau que la réalité. Grâce à cela, à l'école, je devenais incollable en géographie. Lorsque mon père arrivait pour ses congés, outre des souvenirs d'escales comme un pouf en cuir, une théière en cuivre martelé, un masque en ébène, de la terre du volcan de la Réunion, etc., etc., il nous ramenait une dizaine de kilos de café vert. Un cousin avait transformé un cylindre de métal en gril, traversé par une tige munie d'une manivelle, avec une petite ouverture que l'on fermait après avoir rempli la boule de café. On posait le tout sur un pied, avec de la braise en dessous, et avec mon frère, nous tournions la manivelle pendant deux bonnes heures. L'odeur de café grillé se répandait dans tout le quartier, l'embaumait, ce qui faisait dire aux voisins : Tiens, Jean est en congé.

Une fois, son bateau, enfin le sien, celui sur lequel il était employé et qui s'appelait le Saint Jean, fit escale à Bordeaux. Avec ma mère, nous y avions passé trois jours. Le lundi, en classe, mon instituteur m'avait demandé de « raconter » le bateau de mon père. Debout, j'expliquais tout ce que j'avais vu. Le navire et ses cales que des grues remplissaient. Le boulanger qui faisait le pain pour l'équipage. Les cuisiniers. Les chaudières avec leurs puissants moteurs. Les cabines, les couloirs, qui s'appelaient, sur les bateaux, des coursives, le commandant que j'avais rencontré. J'ai vécu là mon heure de gloire, d'autant que, ce dimanche, depuis le pont le plus haut du bateau, j'avais assisté à une course automobile sur les quais, dont j'ai appris ensuite qu'elle avait été la dernière à Bordeaux. Et sur la terrasse de ce hangar, où était une partie du public, j'avais vu mon instituteur, et il m'avait vu aussi !

Mon père m'étonnait, tellement il savait de choses. Sur les Marocains, les Tunisiens, les Algériens, les Sénégalais et autres Africains. Même sur les Allemands, les Hollandais et les Anglais qu'il rencontrait dans les ports de la mer du Nord et de la Manche ! Il avait même été à New York ! Il expliquait les plats exotiques qu'il avait dégustés. Moi qui avais une horreur totale des serpents, il racontait qu'un jour, en brousse, à l'occasion d'une escale à Dakar où nous avions des cousins, il avait mangé une escalope de boa !!!!! Avec de telles aventures, je me demandais bien ce qu'allait être cette surprise qu'il me promettait, et où elle se trouvait.

Alors que j'imaginais qu'elle devait être loin, elle était à un petit kilomètre de chez nous, rue de la Gare, là où il n'y avait aucun homme de couleur, ni un homme qui parlait une langue inconnue, ni escalope de boa à dévorer, ni volcan, ni café vert.

Un monsieur, portant tablier et coiffé d'une casquette, nous ouvrit la porte d'une grange, au fond d'une petite cour qu'une tonnelle de vigne recouvrait. Devant nous, des bouteilles vides. Dans le fond de la pièce, une machine curieuse. Il y avait ici, la même odeur qu'à la Gaîté… Bizarre !

— Albert, dit mon père, explique au petit ce que tu fais.

Albert m'expliqua qu'il mettait des arômes, du sucre et des acidifiants dans de l'eau gazéifiée, et la machine servait à mettre le liquide ainsi réalisé, dans les bouteilles, sous pression, pour éviter que ça mousse.

— Monsieur, ça s'appelle comment ce liquide ?

Albert et mon père éclatèrent de rire :

— Ça s'appelle de la limonade, petit.

Incroyable. Cette limonade que j'adorais était fabriquée dans mon village, à deux pas de la gare, dans un endroit ordinaire, mais sans doute par un homme savant, parce que pour faire un liquide aussi délicieux, il fallait, j'en étais sûr, être drôlement savant !

Je compris ce jour-là que le rêve pouvait être au coin de la rue.

J'ai appris plus tard, qu'un soir de 1944, Radio Londres avait dit par deux fois: La limonade d'Albert est bonne, je répète, la limonade d'Albert est bonne.

Célèbre jusqu'à Londres? Non, simplement le signal qu'un parachutage d'armes allait avoir lieu la même nuit dans les environs, armes destinées à la Résistance, organisée par Georges Coulonges et ses copains.

C'est bien ce que je disais, ce n'était pas n'importe quoi, la limonade d'Albert!

Plus tard, beaucoup plus tard, en 1977, je suis arrivé un jour chez mes parents, et je leur ai dit que j'avais une grande nouvelle à leur annoncer:

— Le premier janvier 1978, j'achète le café de la Gaîté.

Je crois que mon père a eu les larmes aux yeux.

La sortie plage

Ce dimanche de juillet est un grand jour. Ma mère nous emmène à l'Océan. Sitôt la messe terminée, c'est le retour précipité à l'Alambic. Ma tante et ma cousine sont aussi du voyage. Dans la matinée, Mémé a fait cuire un rôti de porc. Pour dessert un fruit. Le repas doit être pris rapidement, le train part à une heure et demie, nous serons à la plage vers deux heures un quart. Le temps nous est également compté pour la baignade. Pas question de se baigner avant que la digestion soit faite, sous peine de mourir dans l'eau ! C'est comme ça. Des imprudents n'ayant pas observé cette règle l'ont payé cher, affirme ma mère. Alors à la dernière bouchée avalée, nous regardons l'heure et nous fixons celle de la baignade.

— On pourra se baigner à trois heures et demie pile !

Les jeux dans le sable nous feront patienter. Les sacs avec maillots de bain, peignoir de bain, linge de rechange, en cas, de l'eau fraîche (pour l'instant) et c'est le départ pour la gare. Elle est à cinq minutes à pied.

En passant devant l'écurie de Léon, nous longeons la voie ferrée. C'est là que nous venons, le dimanche soir, regarder passer “le train de plaisir”, avec les gens qui chantent dans les compartiments, ou même sur le toit des wagons. Ça nous amuse énormément, tandis que ma mère dit que ces gens sont fous et qu'un jour, il y aura des accidents. Tant mieux, ce n'est jamais arrivé.

Passé la barrière de la route de l'étang, nous longeons les voies, et arrivons à la gare. Les billets pris au guichet, nous passons sur le quai, et nous attendons. Déjà, sur ce quai, Monsieur Ayache vend des croissants, chocolatines, pains aux raisins, pains au lait (que j'adore).

Ayache est connu tout au long du parcours de Bordeaux à Lacanau-Océan, et même jusqu'à Hourtin lorsque le train transporte des marins à la caserne de Contaut.

Une grande panière en osier tenue à son cou par une large lanière de cuir, il lance son refrain, toujours le même et qui amuse les gens :

— Chui'là, chui'là.

Effectivement, il était là. Il annonçait les prix :

— Tout à trente francs, tout à trente francs. Les trois pour cent francs.

— Mais maman, trois fois trente, ça ne fait pas cent.

Tout le monde s'amusait de cette fausse réclame, qui lui attirait une grande sympathie.

Des francs ! Et des anciens ! Les nouveaux apparurent plus tard, et les trente francs se transformèrent en trente centimes, mais ça ne changea pas le tarif de la réclame d'Ayache, il vantait toujours sa « promo » avec les trois pour un franc.

Ces francs avaient fait couler beaucoup d'encre. Je me rappelle une conversation entendue au bar de la Gaîté :

— Tu verras Roger, se plaignait un client du bar au patron, maire de la commune, au lieu de trois mille francs à la fin du mois, on n'aura plus que trente francs, ça sera la révolution.

— Mais non couillon, ton verre de vin blanc qui est à quinze francs passera à quinze centimes.

— Té couillon, t'auras intérêt à baisser tes prix, sinon on viendra plus !

La micheline entre en gare, elle arrive de Bordeaux. Les places seront chères, mais ma mère, qui a l'œil, a repéré une banquette qui nous accueillera tous les quatre. Enfin, c'est le départ. En passant, je vois Léon assis devant sa maison, sous la galerie. Il ira chercher ses vaches ce soir. Pour lui, pas de plage, mais il s'en moque. La barrière de Cantelaude retient quelques voitures qui klaxonnent à notre passage. Nous leur rendons leur bonjour d'un signe de la main. La ligne droite de Talaris incite le conducteur, Roger Méoule, à forcer l'allure. Tout ira bien jusqu'au Moutchic. Vers les Baïnasses, nous devinons l'étang, à travers les arbres, puis il se dissimule à nos yeux en approchant de la petite gare. C'est là que les difficultés commencent : à partir d'ici, il faut redémarrer, et la côte est rude. Certains malveillants disent même qu'ils ont dû descendre et pousser les machines, pour aider. Pas de ça aujourd'hui, ça se passe bien. Lentement, mais bien.

La halte du Huga passée, la gare de l'Océan nous accueille.

Par sécurité, ma mère regarde l'heure de départ : dix-huit heures trente. Parfait, nous pourrons aller aux vêpres à la petite chapelle de la dune, appelée Notre-Dame des Sables. (Ça, je ne l'avais pas prévu !) Nous serons rentrés à dix-neuf heures.

Il est quatorze heures quinze, dans une heure un quart, nous serons dans l'eau.

Les parkings des Allées Ortal sont remplis de voitures. Les odeurs de gaufres, de crêpes, de chichis, nous montent aux nez. Me donnent faim. Il me semble qu'un parfum de limonade flotte dans l'air. En tout cas, il y a dans cet endroit, un air de fête que j'adore. Un arrêt sur le parvis face à l'océan. D'un regard circulaire, ma mère et ma tante observent. Puis elles décident.

— La mer est calme, nous irons à droite, devant les tentes de Devallier, en face du Casino et de la Primavéra.

Ce n'est pas la mer, mais c'est quand même de l'eau. Elle est calme, mais on piste les baïnes. Combien d'imprudents s'y sont noyés !!

J'aime la tenue de ma mère, différente des autres jours de la semaine. Habillée d'une robe bleue à pois blancs, serrée à la taille par une ceinture blanche, un grand chapeau de paille sur la tête, elle a l'air tellement jeune, que je regrette d'avoir pensé, dans certaines circonstances, que ma mère était vieille ! Elle est belle ma mère. Ma tante aussi. Le bleu de sa robe est plus foncé, mais le chapeau est identique. Les sœurs ont l'air heureuses d'être ici. En tout cas, nous, les mômes, on l'est.

Nous nous sommes changés dans nos peignoirs de bain, ma cousine et moi. Nos mères ne se baigneront pas, elles relèveront les robes jusqu'aux genoux, et les pieds dans l'eau, elles nous surveilleront de près !

— Quelle heure il est ?

La question est au moins posée une bonne dizaine de fois.

— Encore dix minutes… plus que cinq minutes… C'est l'heure.

Les rires et les cris de joie fusent de toute part, à croire que tous les enfants sur cette plage avaient mangé à la même heure.

C'est la ruée, sous la surveillance des mamans.

Après les premières vagues, enfin plutôt vaguelettes parce qu'il ne fallait pas aller trop loin, c'était dangereux, je compris les désavantages d'un maillot de bain tricoté !! Après avoir pris l'eau, il persistait à ne pas vouloir rester à sa place, et tombait régulièrement sur les genoux au grand éclat de rire de ma cousine et à mon exaspération totale. Mais bon, un moment de honte est vite passé, et la baignade se poursuivit une petite demi-heure.

Sortis de l'eau, les jeux reprennent jusqu'au moment où Monsieur Ayache, encore lui, hurlait presque son cri de guerre : chui'là, chui'là. Il était là, même sur la plage, pieds nus dans le sable, avec son panier autour du cou, à proposer sa promotion du jour, les trois pour cent francs ! Son cri provoquait la faim dans tous les estomacs des enfants sur cette plage, y compris les nôtres.

— Maman, tu m'achètes un pain au lait ?

— D'accord, mais après on ne se baigne plus.

Mais un pain au lait, ça doit être vite digéré, non ?

— Non.

Après avoir dégusté ces viennoiseries en évitant les grains de sable dans les dents, reprise des jeux. La plage était belle sous le soleil, et les cris l'habillaient de joie, d'insouciance, de bonheur. Mais tout a une fin, l'heure des vêpres approchait. Pourtant, la plage ne se vida pas pour autant.

Allez hop, direction la chapelle. On marche un peu sur la plage, et après le Casino, on monte la dune. Du haut, on la voit qui nous attend. Nous descendons, et en bas, arrivé sur la route, le garde champêtre nous attend. Il nous regarde avec un air pas commode.

— Vous ne savez pas lire ? demande-t-il en nous montrant un panneau à un mètre derrière nous.

Il est écrit sur ce panneau : « il est interdit de monter la dune ».

Ma mère, le regard étonné, lui dit :

— Et alors, nous ne montons pas, nous descendons !

Je vois encore le visage de ce pauvre homme qui croyait, sans doute, en s'attaquant à des femmes, faire preuve d'autorité. Il devint cramoisi, tourna les talons tandis que nous éclations de rire.

La fraîcheur et le silence de la chapelle nous firent du bien.

Ça y est, le train repart. La micheline partira plus tard, pour les derniers, les moins nombreux. Ce convoi de dix-huit heures trente est le plus important. On trouve des places dans un compartiment. Des gens sont assis sur les marchepieds, sur le toit, mais juste pour rire, c'est plus rigolo.

La motrice diesel, conduit par Chibanne, lance trois coups de klaxon qui couvrent les coups de sifflet du chef de gare, le train s'ébranle lentement.

Le retour est bruyant, et le père Cadillon, qui contrôle les billets depuis le marchepied en se tenant à une rambarde de cuivre, a du mal à faire son travail.

La barrière de Cantelaude a été fermée assez tôt, il y a des voitures arrêtées un bon kilomètre avant. Les gens sont sur la route, et nous font de grands signes au passage. En arrivant devant l'écurie de Léon, je le vois rentrer ses vaches. Je pourrai venir chercher le lait comme d'habitude, dans la soirée.

Ma tante et ma cousine reprennent leurs vélos. Elles ont encore six kilomètres à faire pour arriver chez elles, à Méogas.

Moi, j'ai fait le plein de souvenirs pour la rentrée scolaire. Le jour où « Monsieur » donnera comme rédaction : racontez ce que vous avez fait cet été, j'en aurai des choses à écrire.

Jour de l'an

Le premier janvier est une date importante. Lever à huit heures, bonne année à tous ceux de la maison, et c'est le départ. Je saute sur mon petit vélo, un cadeau de ma cousine Françoise. Elle grandit, il lui en faut un plus grand. Déjà, j'avais hérité de son petit piano. Elle apprenait à en jouer, il lui en fallait un plus grand. Le petit, c'était presque un jouet. En bois laqué rose, il donnait un son métallique que j'aimais. Du coup j'ai appris la musique, comme plus tard j'ai appris à faire du vélo. Les hasards de la vie fabriquent notre parcours, mais on ne le sait qu'après. Lorsqu'on est grand : ma mère avait raison.

Ma tournée du jour de l'an commençait juste un peu avant les quatre routes, chez cousine Jeanne. Là, il y avait du monde à embrasser : cousine Jeanne, Gustave, son mari à la grosse moustache, toujours bourru, Annie, Maurice et André. Au passage, je remplissais ma poche de bonbons et de dragées. Plus loin, je souhaitais une bonne année à cousine Céleste. Je ne sais même pas comment elle est cousine, mais je sais qu'elle l'est. Vieille, ridée, quand je l'embrasse, les poils qu'elle a au menton me piquent les lèvres, mais je résiste et gagne une orange. Il est neuf heures et demie quand j'arrive chez ma marraine. Je ne la connais que depuis deux ou trois ans, pourtant j'ai été baptisé huit jours après ma naissance. Mais des histoires de famille, que j'ignorais et dont je me fichais, l'avaient éloignée de ma mère. Pourtant, je savais qu'elle existait, elle tenait une épicerie pas loin de chez nous, de l'autre côté de la voie ferrée, qui était devenue une frontière naturelle à notre rencontre. Pourtant, à partir du jour où j'ai su que nos familles, etc., etc., je n'ai eu de cesse de vouloir savoir. Braver l'interdit me tentait, mais chez moi, on ne voulait pas, et je ne comprenais pas. Alors un jour, j'avais sept ans, j'ai traversé la frontière en regardant de chaque côté pour vérifier qu'un train n'arrivait pas, je suis passé devant chez Analhie, la repasseuse, qu'on disait sorcière, j'ai franchi la route, et j'ai poussé la porte du magasin, tout ça sans prévenir ma mère de mon audacieux projet. Une cloche a tinté, et je me suis retrouvé dans un local qui sentait les épices, le café et le sucre. Sans doute à cause des sucres d'orge colorés qui, en groupe dans un bocal, étaient une invitation à la gourmandise. Une dame entra et me demanda ce que je voulais. Ma réponse fut une question :

— Je m'appelle Bernard, c'est vous ma marraine ?

Elle blêmit, je vis des larmes couler sur ses joues, et je me dis que je lui avais fait de la peine. Ce n'était pas mon intention.

— Oui, c'est ta mère qui t'a envoyé ?

— Oh non Madame, elle ne sait pas que je suis ici.

Marraine me tendit les bras :

— Viens mon petit.

Elle m'amena dans la cuisine, je restai longtemps sur ses genoux. Elle me donna des bonbons, me dit sa joie de me connaître. Au bout d'un moment, elle me dit qu'il fallait que je parte, ma mère allait s'inquiéter.

— Dis-lui que si elle te donne la permission, tu peux revenir quand tu veux.

Elle ajouta :

— Et elle aussi si elle veut.

Elle m'embrassa avec tendresse. Je l'aimais aussitôt.

— Où étais-tu, je commençais à m'inquiéter, demanda ma mère.

— Je suis allé voir ma marraine, et si tu veux, je peux y revenir quand je voudrai.

Et je vidai ma poche des bonbons qu'elle m'avait offerts.

J'ai bien vu que ma mère ne savait pas trop comment réagir, partagée entre la colère de la désobéissance, l'incompréhension, et l'audace dont j'avais fait preuve. Elle ne se fâcha pas, mais pleura elle aussi. Moi qui ne voulais que du bonheur aux autres, je venais, dans une même journée, de faire pleurer deux femmes !

Depuis ce jour-là, marraine et ma mère sont devenues inséparables. Je me suis dit, depuis, que les histoires de famille, c'était vraiment stupide.

Donc, je pédale fort direction Cantelaude, j'arrive chez marraine, je l'embrasse, je fais la bise à Pierrot son mari, à Pierrette la cousine que j'aime le plus, et mon grand-oncle touton Georges. Quelques bonbons et une pièce de cinq francs.

Françoise, qui m'a donné le piano et le vélo, est aussi une cousine, mais elle, c'est différent, je l'aime comme une sœur.

La tournée continue. La maison d'à côté, c'est tante Célestine, touton Alphonse, et à deux pas, tante Marie. Elle est toujours malade, et tous les quinze jours, elle met un linge blanc attaché à un piquet enfoncé dans le sol. Ce « drapeau blanc », c'est un signal pour le médecin. En passant pour aller vers Lacanau Océan, il s'arrêtera. On dit qu'elle aime se plaindre, et qu'elle vivra vieille. Aujourd'hui, je peux vous dire que c'est vrai, elle attendit quatre-vingt-dix-sept ans avant de nous quitter. Je me demande, s'il ne faudrait pas mettre un drapeau blanc devant chez nous pour en faire autant.

Ça y est, je rentre à la maison, j'ai fait le plein de chocolats. Il est onze heures, et un grand moment se prépare. À midi, Monsieur Léger, Alhire de son prénom, canadien d'origine que dans le pays tout le monde appelle le « Canaque », taxi de son état, vient chercher la famille pour l'emmener à Méogas, à six kilomètres de là, chez ma tante et ma sœur-cousine. Elle y reçoit sa mère qui est ma grand-mère, et ma mère. Mon père, marin dans la marine marchande, n'est jamais présent pour ces fêtes. Dommage, il me manque.

La maison de Méogas, au milieu des pins, est grande. Belle. Les pièces sont hautes comme sur les photos des châteaux de mon livre d'histoire. Je suis vraiment ailleurs, et heureux d'y être. En plus, pensez, j'ai pris le taxi, et mes copains m'ont vu. Demain ce sera la gloire à l'école.

Ce repas est un banquet : soupe grasse, macédoine de légumes enroulée dans une tranche de jambon d'York, mayonnaise, bouchées à la reine, et rôti de bœuf. La salade de fruits et les merveilles terminent ce succulent repas, arrosé au vin du Médoc que mon oncle vénère. Il est cinq heures, il faut déjà repartir.

Durant ce repas, j'ai entendu beaucoup de choses, des banalités du quotidien, mais aussi des conversations d'inquiétude à cause de cette fichue guerre qui ne veut pas dire son nom, et qui se passe en Algérie. Beaucoup de jeunes de la commune y sont, et les mères s'inquiètent. Un Nouvel An, lorsque le fils de la maison est dans le djebel à se battre contre les fellaghas, que le Canaque, dans sa langue curieuse appelle flalaga (ça me fait rire), n'est pas une bonne journée. Mon frère est à Tlemcen, et ma mère est inquiète. Moi aussi, mais je ne le dis pas. Ça ira mieux demain, ou plus tard.

Ce soir, je vais m'endormir avec le souvenir de cette journée que j'ai passée à souhaiter une bonne année et une bonne santé à tout le monde. Pourvu que ça se réalise…

La Saint-Vincent

Le mois de janvier était un mois important. D'abord les vœux, ensuite les jours commençaient à allonger, et surtout, surtout, à la fin du mois, le 22 janvier, c'était la fête locale. Tous s'y préparaient. La famille, les enfants, le village tout entier commençaient à bourdonner comme une ruche, une dizaine de jours avant la date. Dans les familles, les femmes commençaient à choisir la volaille qui allait être sacrifiée pour ce grand jour, tandis que les hommes choisissaient le vin qu'ils allaient servir au repas de la fête.

Pour nous, l'impatience démarrait le lundi soir. En sortant de l'école, direction la place de l'église pour voir si les premiers camions des forains étaient arrivés. Le mardi, d'autres envahissaient les lieux, et dès le mercredi, certains commençaient à monter leurs manèges. Derrière l'église, les autos-tamponneuses, à quelques mètres, le petit manège d'Aimé Saluste. Mon père le connaissait, et, tout petit, j'avais des tours gratuits. Plus grand, je montais sur les autos-tamponneuses, et, là aussi, j'avais quelques tours gratuits, parce que le fils du patron était à côté de moi à l'école, le temps de la fête, je le laissais copier mes devoirs. De l'église au monument aux morts, la place était garnie : loterie de Monsieur Caramel, berlingots de la Testerine, autre petit manège du vieux Magimel, tirs, jeux de hasard.

Le jeudi après-midi, nous passions notre temps à tourner autour des manèges, imaginant les tours à venir.

La fête commençait le samedi après-midi, pour s'arrêter le dimanche soir. L'odeur de confiserie, de chichis, les cris des bonimenteurs, la musique de chaque stand, faisaient une cacophonie incroyable. Ajoutez les cris d'enfants, des parents, la fête était belle.

Une année, Robert Blanc avait exposé des postes de radio dans la salle Marian. Ma mère en avait acheté un, et, quelques jours plus tard, Robert était venu l'installer. La maison s'en trouva révolutionnée ! Les nouvelles entraient chez nous autrement que par le journal, en direct. Nous ne manquions jamais la chronique de Geneviève Tabouis, sur la politique et les affaires dans le monde, le dimanche vers midi, qui terminait toujours son émission en disant : Et à dimanche prochain, pour les dernières nouvelles de demain. J'étais étonné qu'on la prenne pour une visionnaire, car donner des nouvelles d'un demain, qui pour moi était lundi, le dimanche qui suivait, je ne voyais pas très bien l'exploit.

L'enfance a de ces incompréhensions !

Bien qu'elle en ait entendu parler, Mémé se méfiait un peu de cette chose qui nous donnait des informations, et elle ne la mettait jamais en marche. Elle se rappelait les paroles de son beau-père, lorsqu'en 1885, la ligne de chemin de fer arriva à Lacanau. Il disait qu'il fallait être naïf de croire que des voitures puissent avancer sur des rails, sans être tirées par des chevaux. Alors, elle acceptait ce progrès qui révolutionnait son quotidien de femme, mais avec prudence. Imaginez : elle a vu arriver l'électricité, le chemin de fer, les voitures, le téléphone, la radio, la télé, le réfrigérateur, la machine à laver le linge, le fer à repasser électrique, etc., etc. ! Ce qu'elle ne savait pas, c'est que ce progrès, si utile, serait un jour créateur de chômage, alors qu'il était censé être l'inverse.

Donc, nous écoutions plusieurs stations de Radio comme Paris Inter, Radio Luxembourg ou Radio Andorre. Grâce à cet achat, notre cercle d'intérêt local s'élargissait. Mémé fut ravie, et elle écoutait attentivement ses émissions préférées, comme le disque des auditeurs.

Cette année-là, la Saint-Vincent avait vraiment apporté un début de progrès dans la maison. J'avais dix ans. Il fallut attendre dix ans de plus pour voir entrer la télé dans la salle à manger. Tous se régalaient de la *piste aux étoiles*, d'*au théâtre ce soir*, et pour elle, de la messe le dimanche matin.

Cette année-là, la semaine qui suivit la fête, Monsieur Frisch nous donna comme sujet de rédaction : racontez les préparatifs de la fête chez vous.

Bien sûr il y avait de quoi dire sur le repas, les cousins de Carcans, mais je commençais ma rédaction ainsi :

Cette année, la fête a été belle, nous avons acheté un poste de radio à Robert Blanc.

Monsieur Fritsch ne sut rien du menu ni des cousins, qui devant l'événement passèrent au second plan.

L'ÉCOLE DU VILLAGE

Monsieur Fritsch ne rigolait pas tous les jours. Et nous non plus. Pourtant, tous les élèves de mon enfance, une fois sortis de l'école, le saluaient avec respect et considération. Nous l'appelions « Monsieur », jamais par son prénom comme le font les élèves d'aujourd'hui. La familiarité n'était pas de bon ton. Dans son dos, nous l'appelions « Tonton Claude », mais seulement dans son dos, et pas très fort!

Avant d'arriver dans sa classe, nous étions passés d'abord, à six ans, chez Madame Delhomme. Elle nous apprenait l'alphabet, et nous comptions alors, avec des bûchettes, fabriquées par nos soins, dans les bois proches. Une ardoise, un crayon d'ardoise, un chiffon pour l'essuyer, un cahier et un crayon à papier et une gomme. Pas lourd à porter. Le porte-plume et les taches d'encre viendront plus tard. Ah ces "Sergent-Major", comme elles ont pu nous en faire baver, langue entre les dents pour arriver à former les lettres comme l'instituteur les écrivait si bien au tableau! Combien de mouchoirs ont été tâchés à essuyer un doigt tout violet d'encre! Les buvards roses de mon enfance étaient efficaces, je regrette seulement qu'ils n'aient pas été capables d'absorber les ennuis du quotidien. Ce serait pourtant une belle invention qu'un buvard d'ennuis... La fortune assurée pour son inventeur.

Je suis bon élève, mais un peu turbulent. Je ne me laisse pas faire. Louisette m'embête? Je lui laisse la marque de mes ongles sur la joue!! Au bal masqué du carnaval de l'école, déguisé en pierrot lunaire, une courtisane de Louis XIV me nargue, d'un croc-en-jambe, elle se retrouve par terre, et ce n'était pas la faute à Voltaire !

Chez Madame Fritsch, c'est français, calcul, leçon de choses, histoire-géo. J'aime tout, je suis curieux de tout. Mais ce que j'aime le plus, c'est la rédaction. J'adore inventer des histoires, raconter les choses. Souvent, lorsqu'elle rend les devoirs, elle lit mes textes à haute voix.

Plus tard, beaucoup plus tard, lorsque j'ai écrit des romans, elle était une fidèle lectrice, et disait à qui voulait l'entendre : « Bernard ? Ça ne m'étonne pas, il était bon en français ». Quel bel hommage elle me rendait !

Chez Monsieur, le matin, nous avions une morale écrite au tableau. Ces règles, comme les petites épiceries, sont en voie de disparition. Il paraît que tout sujet est soumis à une mode, et il paraît que toute mode est soumise à l'éphémère. Dommage.

Dans la classe de Monsieur, il y a deux divisions, trente élèves, et du silence partout.

Les matins d'hiver, un élève allume le feu dans le poêle, avec du bois que Monsieur Ségransen, employé municipal a coupé et rangé sous le hangar au fond de la cour.

Le samedi, il y a parfois sport. Nous traversons le bois du Montagnol pour aller sur le terrain de football. J'étais meilleur pour attraper les grillons sur le terrain, que pour taper dans la balle.

Le samedi, il y a aussi bibliothèque. J'adore lire, et je prends un livre que je rends le samedi d'après.

Mais le samedi, une fois par mois, arrive une chose qui, aujourd'hui, ferait se révolter les parents d'élèves : dans la cour de l'école, nous lavions la voiture de « Monsieur », ce n'était pas une punition, mais un honneur réservé à ceux qui avaient bien travaillé. Monsieur voyait cela comme une récompense, et pour nous, c'en était une. On y mettait tout notre cœur, et le soir, en disant à la maison : nous avons lavé la voiture de Monsieur, la nouvelle était accueillie avec plaisir.

Mémé me félicitait et ajoutait, elle qui avait été au service des notaires de Castelnau, avant de se marier : « Il faut être fier de faire plaisir aux gens importants ».

Il restait en elle la fierté d'avoir servi des gens importants, et leur importance rejaillissait sur elle. Elle ajoutait : « J'ai élevé les trois enfants de maître Maigret, ils m'appelaient "Petite" ».

Alors, je suis sûr, aujourd'hui, que pas un seul élève de « Monsieur » ne regrette d'avoir lavé sa voiture.

Aujourd'hui, je suis sûr que pas un seul élève ne regrette d'avoir été son élève. Il nous a tout appris, ou mis en nous les capacités d'apprendre à être ouvert aux autres.

Nous l'avons constaté plus tard, au temps des culottes longues.

Mon frère

J'ai un frère. Il est plus âgé que moi de huit ans. Du coup, nous nous sommes peu rencontrés. Il quittait l'école lorsque j'y entrais. Mes parents avaient laissé passer la guerre avant de récidiver. Il faut dire que la présence de soldats allemands pendant l'occupation à la maison, qui avaient inventé les chambres d'hôtes avant l'heure, ne devait pas favoriser la libido. Mais ça, je l'ai compris plus tard. Et puis mon père s'était absenté pour cause de conflits pendant presque deux ans. Donc, mon frère était arrivé en janvier 1936, juste avant les congés payés, je suis arrivé en janvier 44, juste avant le débarquement. Quelques similitudes ont donc signé nos parcours de frères.

Nous sommes du signe du capricorne tous les deux, et il paraît que c'est un signe qui se bonifie avec le temps. Être parfait dans la vieillesse ne m'enchante qu'à moitié, mais bon, pourquoi pas.

Donc, j'ai peu de souvenirs de l'enfance en commun avec Marc, sinon les baignades, mais peu de jeux, il jouait avec les enfants de son âge. À un intervalle de quelques années, nous avons eu la même professeur de piano, et souvent les mêmes fausses notes, à part qu'il l'a quittée dans de meilleures conditions que moi, et d'une façon plus élégante. Par contre, j'avais une analyse curieuse de la situation. Comme mon père était absent dix mois par an, pour cause de navigation et que mon frère, était l'homme de la maison, je déclarais à tout vent que j'avais deux papas chez moi !

Les souvenirs que j'ai de lui sont donc des souvenirs que m'ont confiés mes parents.

Marc était frêle, quasiment maigre, et déjà, ses yeux le trahissaient. Rassurez-vous, il s'est épaissi (un peu trop!), par contre, il porte toujours des lunettes. Petit, frêle, voilà donc des raisons qui font de lui un enfant fragile, et inquiet. Cette inquiétude allait parfois se nicher dans des situations burlesques.

— Marc, pourquoi tu pleures dans un coin ?

Snif, snif!

— J'ai avalé le berlingot que marraine m'a donné.

Éclat de rire de mon père devant cette inquiétude.

— Oui, tu ris mais je vais peut-être mourir!

Il n'est pas mort à cause d'un berlingot, mais l'histoire l'a suivi longtemps, et nous en rions toujours.

Il adorait le miel, et un jour, tel un ours affamé et gourmand, il en avala la moitié d'un pot. Mon père s'en aperçut.

— Houlà là! Marc, il va falloir que tu sois prudent. Avec tout ce miel que tu as mangé, quand tu vas aller aux waters (au fond du jardin) les abeilles vont venir te piquer les fesses. (Je dis fesses, mais mon père avait un langage plus cru... !)

Marc s'est retenu durant deux jours.

Mais mon frère, c'était quand même un grand frère dont j'étais fier : il avait fait l'école hôtelière de Toulouse et appris le métier de garçon de restaurant et chef de rang. Il a travaillé au Carlton de Biarritz, au Grand Hôtel du Moulleau, et au Grand Hôtel de la Grotte à Lourdes, place préférée de ma mère qui ratait peu de pèlerinages dans la cité mariale. Moi j'étais heureux lorsqu'il faisait les saisons à Lacanau-Océan chez Gaston Duphil, d'ailleurs avec mon père, à l'hôtel de l'Étoile d'Argent. Avec ma mère, nous prenions le train, pour leur porter leur linge propre et prendre le sale. Gaston Duphil était un homme rondouillard et gentil, qui disait à chaque fin de phrase : voilà, voilà, voilà. Il avait un tablier bleu et portait le béret.

Dans ma famille, on ne tenait pas en place. Mon frère, d'hôtel en hôtel, voyageait, mon père, de cargo en cargo, naviguait, et ma mère, de boîte à lettres à boîte à lettres, pédalait, elle était factrice. Seule, Mémé restait à la maison, il fallait bien que quelqu'un fasse la cuisine. Moi, je pianotais, je jouais, et j'écrivais des rédactions. C'est fou comme le temps semble long lorsqu'on est en culottes courtes. C'est fou ce que le temps passe vite lorsqu'on est en culottes longues. À croire que la longueur du temps est proportionnellement inverse à la longueur des culottes.

Il paraît qu'il suffit de rester jeune dans sa tête. Alors avec mon frère, ça a été réussi. Nous avons été quelque temps, représentants ensemble, et nous n'hésitions pas à nous arrêter dans un bois pour essayer des carabines à flèches que nous vendions (entre autres). Donc, nous sommes restés jeunes. J'oubliais, il m'a initié à la pêche. Marc apportait un soin particulier à la préparation des cannes, des appâts, de la grosseur des hameçons, etc., etc. Après l'avoir bien écouté, et regardé pendant une bonne demi-heure au cours de laquelle il n'avait rien pris, je jette le lancer, et toc, une touche immédiate. Je ramène la ligne, avec au bout un joli brochet que j'avais attrapé, par hasard par le dos. La leçon de pêche n'a pas eu de suite, mon frère ayant décidé que c'était inutile.

Il avait sans doute raison.

Ma mère

Elle se lève à la première sonnerie du réveil. Le reste de la maisonnée dormira encore un peu. Elle ouvre la porte, jette un coup d'œil dehors pour voir le temps. Une légère brume s'enroule en écharpe autour des pins de Marian. Ce matin il y a de la rosée. L'automne arrive. Il va falloir penser que l'hiver lui succédera très vite. Les jours ont tellement raccourci. Elle se dit qu'il faudra commander du bois à Gilbert. Une bonne charrette. Elle se fera livrer des branches de pin. Bien sèches. S'il fait froid, la cheminée aura faim de bûches. Mémé cassera les moins grosses à la serpe, Ducourneau viendra scier les autres. Ce n'est pas un travail de femme les grosses bûches. Et comme son mari ne sera pas là de l'hiver, il faut bien qu'elle demande. Parce qu'il faut s'en méfier des hivers. Elle se rappelle celui de 56. Elle avait terminé sa tournée sous la neige, qui avait continué de tomber tout le soir. Tout était blanc de ouate silencieuse. Elle avait dit ce soir, on va laisser une pelle dans la cuisine. Demain, la neige bloquera la porte. Au petit matin, devant la porte bloquée, elle avait dit : vous voyez que j'avais raison. Elle aimait bien avoir raison. Toujours. Enfin, souvent. À cause de la neige, aucun courrier n'avait été distribué pendant plusieurs jours. Elle s'inquiétait. Des familles attendaient les allocations, ils allaient être dans la gêne. Ils feront marquer chez Dufaure, et paieront après. Cet hiver-là, elle avait eu l'idée d'un poêle à mazout, Mémé avait dit il paraît que ça sent mauvais. Alors, ce serait pour plus tard. Le soir, sortant de la cuisine, on traversait la salle à manger froide pour aller se coucher. Mémé avait mis des bouillottes au fond du lit. Il paraît que ça ne fait pas de bien pour la circulation du sang. Peut-être, mais bon, on y penserait plus tard, il y avait trop de neige pour avoir peur de ces choses-là.

Maintenant, elle va ouvrir la porte de la grange. Le chien sort en bondissant, heureux de retrouver sa liberté pour la journée. Le chat s'approche lentement de la maison avec cette liberté qu'ils ont de n'en faire qu'à leur tête, qui frise l'agacement. Mais comme ils se frottent aux jambes en ronronnant, on ne leur en tient pas rigueur. Celui de la maison n'a pas peur du chien, ils se connaissent. De nos jours, le soir, on rentre les chats. Avant, le soir, on les mettait dehors. Un chat qui dort à côté de la cheminée peut mettre le feu, disait-elle, si une braise tombe dans son poil. Et puis la nuit, le chat fait son travail de chat, il chasse les souris dans les granges. Le matin, il vient juste pour un bol de lait et quelques caresses, et s'en va dormir au soleil sur le vieux banc de bois devant la grange du milieu.

Maintenant, elle prépare son café au lait avec une tartine légèrement beurrée, le beurre est cher, il faut faire attention. Hier soir, elle a fait bouillir le lait des vaches de Léon. Il a fait une crème épaisse, un peu jaune. Elle adore. Elle en mettra un peu sur son café au lait, et gardera le reste pour le café bu à midi, enfin, bien après-midi, quand elle rentrera du travail. Avant d'y partir, elle vérifie que la maisonnée soit levée. Elle dit « je m'en vais », pour prévenir les autres que pour eux, ce sera bientôt l'heure de partir aussi. N'oublie pas ton écharpe me lance-t-elle sans se retourner. Vers une heure, elle viendra manger.

Pour l'instant, la poste l'attend. Elle va trier le courrier, puis le distribuer. Elle aime toutes ces lettres qu'elle distribue. Elle ne les écrit pas, mais en les distribuant, elle apporte la joie de la nouvelle, et se sent concernée. Elle est heureuse pour ceux qui les reçoivent.

Pas besoin d'adresse précise, ni de boîte à lettres. Ici, on se connaît tous, et la couleur des volets de la maison suffit à savoir chez qui on est. Lorsqu'un étranger demande où habite Monsieur Meyre, on lui répond vous ne pouvez pas vous tromper, c'est la maison bleue après le chemin du vieux port, route de l'étang. Seuls les volets sont bleus, mais ils donnent la couleur de la maison. Elle rentre chez les gens et pose le courrier sur la table de la cuisine comme on pose le dessert du dimanche, comme une gourmandise.

Le bourg, Méjos, les Andrauts. À bicyclette, elle avale les kilomètres par tous les temps, l'hiver sous une grosse cape bleue qui la protège mais ralentit ses mouvements et dont les pans l'empêchent de pédaler comme elle aime : vite. Elle peste contre le mauvais temps, mais sans dire aucun juron. Elle n'en dit pas, prétend que son mari en dit pour elle. Jurer, c'est pécher. L'abbé Luguet l'a affirmé.

Mémé a préparé le repas. Moi j'ai commencé à manger, l'école reprend à deux heures.

— J'ai vu Gilbert pour le bois. Il l'a mis de côté pour nous, comme tous les ans. Il viendra la semaine prochaine en porter.

Il me tarde de voir l'attelage de mules. Gilbert hurle pour qu'elles reculent dans la cour, avec des mots qui, j'en suis sûr, fâcheraient Monsieur l'abbé Luguet.

Ma mère mange la soupe qui la réchauffe. Même si la température est encore correcte pour ce début octobre, elle fait du bien.

— J'ai vu la petite Berthe, dit-elle en haussant les épaules, la cantinière, elle m'a demandé pourquoi tu ne mangeais jamais à la cantine, elle ne comprend pas.

Moi je voudrais bien, mais ma mère dit que c'est mieux à la maison, et le kilomètre et demi qui me sépare de l'école n'est pas la mer à boire :

— Surtout maintenant que tu as un petit vélo.

Elle ramène les nouvelles des familles, des maisons, des villages : À Mistre, ils trouvent beaucoup de cèpes. Au lavoir, les pêcheurs attrapent les aubours en quantité, Marc, tu devrais y aller demain jeudi. Tante Marie est encore malade. Chez Dufaure, ils ont reçu les pantoufles du docteur Jéva pour l'hiver, j'en achèterai une paire. Monsieur le curé m'a demandé si je pouvais fleurir l'église avec Blanche, samedi. Jeannot va nous quitter et partir travailler à Bordeaux.

Mémé fait pff, à Bordeaux ! Comme s'il n'était pas bien ici. Oui, mais parfois le travail oblige.

— Ce tantôt, il faut que je repasse et que je fasse ma poussière.

Elle disait comme ça, faire sa poussière. De temps en temps, elle grognait parce qu'elle n'avait pas eu le temps de « faire sa poussière ». Elle n'appartenait à personne d'autre. C'était la sienne. Autrefois, avant la poste, elle avait fait le ménage chez Mademoiselle Quintin, qui tenait l'Aquitaine, et Mademoiselle Quintin veillait au grain. Il fallait qu'aucun d'eux ne reste négligemment sur quelque meuble que ce soit. Elle vérifiait même, d'un doigt inquisiteur, si le travail était bien fait. Alors la poussière…

Le quotidien de ma mère était d'une régularité totale. La semaine factrice, le samedi fleurissement de l'église, puis confession tous les quinze jours, et messe du dimanche, son seul jour de détente. L'après-midi, elle s'accordait le temps de lire, jusqu'à l'heure des vêpres. Henri Bordeaux, Max du Veuzit, les sermons du carême par le révérend-père Riquet. Une vie de labeur, mais toujours dans le sourire et le partage.

Je la quittai pour me marier, elle nous a quittés un matin d'hiver, après avoir perdu la mémoire des choses. Des gens. De sa propre famille. Rêvait-elle de maison bleue ? D'une lettre qui avait fait plaisir à quelqu'un ? Impossible de le savoir. Depuis longtemps, son visage s'était fermé. Sa mémoire partageait un ailleurs, un ailleurs inconnu. Parfois, un semblant de sourire laissait croire à un mieux, illusion. Toute une vie se lisait sur ses rides, la sienne, et celle aussi de ses enfants. Son Dieu semblait l'avoir abandonné, elle qui le priait si souvent, ou alors l'avait-il déjà prise avec lui ?

Quand l'oiseau décide de partir, l'automne revenu, rien ne le retient. Au premier vent froid, il part vers la chaude lumière. Un matin frais d'hiver, sûrement plus froid qu'un autre, son visage fermé, yeux clos, dessina son dernier sourire.

Le chemin du vieux port

Le chemin de terre qui menait au vieux port sentait le mystère. Il se faufilait à travers les fougères à l'ombre des grands pins. Le marais qui le bordait à sa gauche cachait, paraît-il, des carcasses de bateaux échoués dans un temps lointain, un temps où il n'était pas encore marais, mais fleuve, et alimentait un autre port, aujourd'hui disparu, vers les Audrauts. Pour moi, ce lieu était chargé d'histoire. Que s'était-il passé ici? Quels hommes avaient vécu dans ces lieux? Qu'avaient-ils fait? J'espérais presque que le silence qui habillait l'endroit laisse passer des phrases expliquant l'histoire. Mais il fallait bien se rendre à l'évidence, le marais n'était pas bavard.

À mi-parcours, en haut d'une petite côte, restait encore une cabane de résinier, qui avait appartenu, autrefois à celui que l'on appelait au village, le photographe. Cet homme adorait l'histoire, et faisait soit des croquis, soit des photos de ce qu'il voyait. Maintenant, la cabane était fermée, et ne recevait plus personne. Le chemin redescendait vers la berge de l'étang. Au ras de l'eau, une maison d'habitation, et deux cabanes qui abritaient des bateaux formaient le décor. À l'est, un ruisseau se jetait dans cette conche où le nénuphar était roi. Sur la rive opposée, encore du marais et, à côté les anciennes pêcheries de Soula. À l'ouest, l'île des Boucs. C'est à cet endroit que le gros ruisseau qui venait de la mer s'est bouché, d'où la création de cette île, non pas des boucs, comme l'on dit, mais d'aoù boucau, c'est-à-dire de la bouche, comme le Vieux Boucau dans les Landes. Mais on n'écrivait pas tout, et la mémoire orale avait transformé le Boucau en Bouc!

J'avais quatorze ans, et je venais à la pêche au vieux port, soit à côté des hangars à bateaux, soit dans une anse juste derrière. Facile la pêche, une canne légère, des vers de terre, et de la patience.

Pourtant, ce chemin du vieux port n'était pas emprunté que par les gamins. Les jeunes adolescents aimaient venir en couple dans ces lieux tranquilles, à l'abri des regards, dans les fougères. J'en avais vu un qui s'était enfui lorsque j'étais passé. Étonné, j'avais raconté l'histoire à ma mère, et posé la question :

— Pourquoi ils se sont cachés ?

Elle sembla comprendre, mais sa réponse, toujours la même, tomba : je comprendrais quand je serais plus grand.

Ah bon, je ne savais pas qu'en grandissant il fallait se cacher du regard des autres, mais bon, puisque ma mère le disait. Elle ajouta pourtant :

— Ils font sans doute, des choses pas très propres.

Tiens donc, et que peut-on faire dans les fougères à part se salir un peu, et avoir à se cacher ?

Mon père, à côté, rigolait. Il lâcha cette phrase, tandis que ma mère le fusillait du regard :

— Ce sont des amoureux.

C'était donc sale d'être amoureux ?

— Bien sûr que non, dit mon père, c'est de leur âge.

Ça changeait tout. Si ça se trouve, un jour, il faudra que j'aille moi aussi, dans les fougères du chemin du vieux port. Quand j'aurai leur âge.

— C'est vrai ?

Un « ça suffit » ferme de ma mère, termina la conversation, sous le rire énorme de mon père.

J'en parlai à Francis. Sa réponse fut sans appel :

— Couillon, tu le savais pas ?

— Eh non, je ne le savais pas.

Lui, il savait que plus tard, nous tomberions amoureux. On s'en apercevra comment ?

— T'as jamais fait de clin d'œil à une fille, qu'il me demande ?

Ma foi... non. Pourquoi ? Les clins d'œil sont réservés aux copains.

— Qu'aux copains ?

Ah non, j'ai vu les vieux qui jouent au truc à la Gaîté, pour annoncer à leur partenaire qu'ils ont un sept, carte la plus forte, ils lui font un clin d'œil. Francis éclate de rire.

— Toi t'es vraiment couillon !

Cette envie de comprendre et donc de grandir me taraudait l'esprit de plus en plus. Pourtant, Francis avait presque un an de moins que moi, et il savait. Alors, c'était quoi cette histoire ?

Le temps s'écoula et un jour, on apprit que le nouveau propriétaire de la maison du vieux port louait des bateaux pour la promenade. Le dimanche après-midi, on allait faire des balades jusqu'à l'île des Boucs. D'abord avec des copains, puis s'ajoutèrent des copines. Il y avait un bateau assez grand pour six personnes. Je ramais fermement, alors que les autres riaient, en se faisant des clins d'œil. C'est alors que celle qui riait moins fort et moins bêtement que les autres, et qui ne faisait aucun clin d'œil, me regarda, me fit un sourire adorable.

Ce jour-là, j'avais des culottes longues. Je crois que je me suis senti quitter l'enfance, sans aucun clin d'œil, mais avec un nouvel émoi que je n'imaginais pas.

J'en étais sûr, je commençais à grandir.

COMME LE TEMPS PASSE VITE

Un jour, Léon vendit ses vaches, et cessa donc de nous vendre du lait. Comme il en fallait tous les jours, ma mère a fait appel à Madeleine, que tout le monde appelait la laitière. Toujours habillée d'une robe foncée, protégée par un tablier sans couleur, elle passait tous les jours dans tout le bourg, avec deux bidons de cinquante litres accrochés au guidon de son vélo, guidon qu'elle avait débarrassé des poignées de frein afin que les anses du récipient le tiennent bien. Seul le « timbre » était resté, elle le faisait sonner en criant presque : la laitière, la laitière. Sur le porte-bagages, derrière la selle, dans un cageot, un bidon de secours plus petit, au cas où. Une mesure en laiton d'un demi-litre, accrochée au gros bidon, lui permettait de servir ses clients au porte-à-porte. Raoul, le boulanger passait aussi tous les jours, précédé de quelques coups de klaxon. Olive, le boucher, venait deux fois par semaine, Gérard, l'épicier, une fois, et Madame Labarthe, la marchande de poissons du lac, aussi. Dans ses porte-bagages, devant et derrière son vélo, trônaient, sur un lit de fougère, des brochets, des anguilles, des poissons-chats. Des journaux servaient à les envelopper, après avoir été pesés sur une balance Roberval rouillée. Pas de glace obligatoire pour leur conservation, ils sortaient de l'eau le matin même.

Ces commerçants passaient chez nous, pourtant, nous habitions à deux pas du bourg, et ils faisaient de même dans les villages. Enfin, ce que nous appelions villages : Mistre, Méjos, Les Andrauts Méogas, Talaris. Aujourd'hui, ils ont été rebaptisés, et désormais, on les appelle les écarts. Ont-ils été mis à

« l'écart » ? De quoi, du bourg ? Village, ce n'est pas plus joli qu'écarts ? Sans doute une fantaisie administrative ridicule pondue par un fonctionnaire sans poésie. Aujourd'hui, plus aucun commerçant ne passe, sauf, peut-être le boulanger. Mais c'est vrai qu'ils sont à l'écart !

Je sais que la société a changé, que les corvées domestiques ont été allégées, que la lessive du lundi a été remplacée par la machine à laver de n'importe quel jour. Que la vaisselle quotidienne est faite par une machine. Que l'on peut aller à l'autre bout du monde sans problème, alors qu'aller à Bordeaux était une véritable expédition. Mon arrière-grand-père mettait quatre heures avec ses échasses pour y parvenir.

Je sais aussi qu'avec les Chemins de fer économiques, on pouvait aller de Lacanau à Facture, et de là à Arcachon. De Lacanau à Naujac-sur-mer. Terminé aujourd'hui. Ah si, j'oubliais, on peut y aller à vélo ! Je sais que mon grand-père allait de l'Alambic à Talaris sur une charrette tirée par Petite, une ânesse docile. Terminé aujourd'hui. Je sais que le progrès nous a fait faire un bond incroyable dans le confort, il nous a même allongé la vie. Tout ça, c'est vrai, mais aujourd'hui, si les habitants des villages veulent faire des courses, ils ont intérêt à avoir une voiture. S'ils veulent aller à Arcachon, aussi.

Tout a changé.

Aujourd'hui, nous allons tous dans de grandes surfaces. Immenses. On y trouve de tout. Suprême liberté, on se sert soi-même. Nous sommes maîtres de notre destin de consommateurs. Les Estelle, les Dufaure, et tous les autres, balayés. Envolés. Liquidés par la modernité. Nous n'entendrons plus : c'est tout ce qu'il vous faut ? De l'huile peut-être ? Une salade ? Nous ne saurons plus si le fils de Marguerite grandit ou si Arthur boit trop de vin. D'ailleurs, lorsqu'il y a un rassemblement devant l'église, on entend souvent : qui enterre-t-on ? Ah bon ? Je ne l'ai pas su. Voilà, on ne sait plus rien d'ici. Du quotidien. Aux infos de treize heures, on apprend les nouvelles du Japon, d'une île au milieu du Pacifique, d'une espèce en voie de disparition. Pendant ce temps-là, à côté, tout à côté de chez nous, une personne s'est éteinte en silence dans la plus grande indifférence.

Ensemble, dans ces grandes surfaces, nous sommes seuls désormais. Sans voisin. Sans personne à qui dire bonjour. Solitaire au guidon de notre caddie, dans un monde agité, voilà ce que nous sommes devenus. Le pire c'est que ça nous plaît. À moi, pas tout à fait. La caissière qui dit seulement bonjour et au revoir, passant, entre ces deux mots, les achats devant une lumière rouge qui fait inscrire le prix sur un papier, lequel se déroulera dans un moment, c'est comme un film muet. C'était bien les films muets, non ? C'était joli. Joli seulement. Très vite, il a fallu ajouter des paroles. Sinon, le cinéma aurait cessé d'exister. Aujourd'hui, les villages veulent ressembler à de grandes villes, avec leurs grandes surfaces qui ressemblent à des boîtes à chaussures.

Ce n'est pas grave, moi j'entends toujours Madame Dufaure compter aussi vite sur son morceau de papier avec son crayon, je vois Estelle regarder vivre le village. Quand je prends une brique de lait, Léon me sourit. L'odeur de limonade effleure parfois mon odorat. J'entends rire Amélie dans son jardin. Certains jours, même, je crois que j'entends le bruit du train de plaisir qui déversait ses rires tout le long de la voie du chemin de fer. Un vrai bonheur.

Ces souvenirs, je vous les offre. Rien que pour embêter ceux qui les disent inutiles et rétrogrades. Rien que pour embêter ceux qui ont détruit l'âme des villages en leur faisant croire qu'ils étaient de grandes villes.

Mais pas que pour ça. Je vous les offre aussi, parce qu'un bonheur, c'est fait pour être partagé.

Que ce temps des culottes courtes était beau… mais vint le temps des culottes longues de l'âge adulte (ou presque)…

Pourtant, moi, je n'en voulais pas de l'âge d'adulte. Rappelez-vous lorsqu'on me demandait ce que je voulais faire plus tard comme métier, je répondais d'un air très sûr : « Moi ? Rien, papa travaille. » Ah ! Les illusions de la jeunesse !

Les premières furent des culottes de golf. Un comble moi qui ne faisais aucun sport ! Mais c'était la mode. C'était celles de mon frère. Il ne les mettait plus, mais comme elles n'étaient pas usées, on n'allait quand même pas les jeter ! J'ai hérité aussi de son vélo. C'est vrai, j'ai pas mal hérité dans ma vie. Enfin, lorsque je dis héritage, ce n'était pas Byzance, mais juste à côté.

Curieuse période qui commença à l'adolescence.

Sans que je m'en rende compte, je glissais vers l'âge adulte, au sein d'un village où tous se connaissaient, où tous se saluaient, où tous se souhaitaient le bonjour.

Avec les culottes longues, le langage changea. Il s'enrichit de jurons que je ne disais jamais à la maison, mais entre copains. Le quotidien s'enrichit de cigarettes P4, que je fumais avec Francis, parce que lui aussi, mon copain de cabane, il avait des culottes longues, et la cigarette nous donnait des airs d'hommes. Enfin, on croyait, parce qu'on se cachait pour fumer, sinon nos mères !!! Peine perdue, avoir l'air d'un homme sur le chemin du vieux port, d'ailleurs souvent désert, n'impressionnait personne.

Avec les culottes longues, on cachait nos genoux écorchés et les filles se moquaient moins de nos jambes-piquets.

Les filles : on s'aperçut qu'elles étaient jolies, et leurs conversations qui s'arrêtaient quand nous arrivions en sifflant, nous posaient questions : que disaient-elles ? Parlaient-elles de nous ?

Nos cœurs commençaient à battre la chamade, et d'autres sensations se précisaient aussi. Il faut bien avouer que nos générations étaient un peu en retard sur les choses de la vie. Maintenant, je crois que ce retard a été rattrapé… ! Donc, c'était cinéma, Orangina, bandes dessinées, et clins d'œil aux filles qui gloussaient en riant et en s'échappant. Calme plat sur toute la ligne, mais sans aucune inquiétude, le temps s'écoulait tout doux, beaucoup moins vite que maintenant. Pas de gros moyens, pas de grosses envies, tout allait bien. Ah si ça pouvait durer ! Encore une illusion : ça ne dura pas !

La vie s'empara de nous, plus que nous nous emparions d'elle. Le travail prit le pas, il fallut apprendre un métier. J'avais ma petite idée, et je crois que je savais pour quoi, mais je me taisais, mes parents décideraient. Mon père fit le tour des artisans de la commune. Le menuisier ne cherchait personne, le boucher non plus. Le boulanger avait déjà un apprenti, ouf, dans ce métier, on commençait très tôt, et j'étais genre endormi le matin. Mais que faire ? Monsieur Fritsch avait son idée : « Il doit aller aux écoles à Bordeaux. » Moi ? Quitter mon village ? Heureusement, j'écris ça avec un peu de honte, mais mes parents n'avaient pas les moyens de me mettre en pension. La honte n'est pas pour leur manque de moyens, mais pour le peu d'envie que j'avais d'apprendre. C'est venu plus tard, grâce à ma curiosité naturelle.

— Et toi, que veux-tu faire ?

J'hésitais, et je finis par dire :

— Coiffeur, ça me plairait bien.

— Il a raison, dit ma mère, les cheveux, ça pousse tout le temps, il aura toujours du travail.

C'était sans compter sur les chauves !

Mais où faire l'apprentissage ? Trois salons officiaient, lequel choisir ? Je donnais des précisions quant à mon choix :

— Chez Irène, à la Gaîté.

Mon père me regarda en souriant, je ne sais pas s'il comprit mon choix, mais je crois que oui.

Me voilà donc coiffeur, et là, j'en ai entendu des histoires. C'est sans doute pourquoi je les écris. Je pense plus particulièrement à Guillaume. Pourquoi ? Parce qu'il est le symbole des goûts perdus.

Guillaume s'assoit sur le fauteuil. Il vient se faire couper les cheveux. Comme beaucoup d'anciens, il fait attention à la lune :

— À la lune montante, ils poussent plus vite, alors je ne viens pas.

La lune joue un grand rôle dans la vie des paysans. Pour le jardin, la couvée des poules, les radis, et les cheveux ! Je souris, mais je ne crois pas à cette histoire de lune, au moins pour les cheveux.

— À part ça, Guillaume, comment ça va ?

Guillaume allait bien. Les rhumatismes le faisaient un peu souffrir, mais à quatre-vingts ans, c'était bien normal. Ils s'en iraient avec la barque.

— Et la famille ?

Ma foi, sa fille l'avait invité dimanche dernier à manger.

— Elle vous gâte. Vous avez bien mangé, j'espère ?

— Oui, un poulet.

— Il devait être bon.

— Sans plus.

— Ah, ces poulets achetés ne valent pas ceux qu'on élève.

— Il n'était pas acheté, sa mère lui en avait fait passer un de la ferme dans la semaine.

— Et alors, elle sait cuisiner pourtant, non ?

Il secoua la tête, oui, elle savait, mais le poulet n'était pas bon.

Je suis dubitatif, un poulet de ferme pas bon, c'est rare.

— Il était mal cuit ?

— Non.

Là, je ne comprends plus. Le poulet venait de la ferme, il était bien cuit, alors qu'est-ce qui clochait ?

Guillaume précisa.

— Je vais te le dire gamin, c'est à cause du gaz.

J'avoue ne pas comprendre comment le gaz a gâté ce poulet de ferme. De son accent du pays, laissant un peu traîner les fins de mots, et en roulant légèrement les R, il raconta :

— Je vais t'expliquer gouyat. Ma femme, quand elle fait cuire un poulet, elle le met dans le four de la cuisinière à bois, et il cuit lentement, tout doucement. L'odeur se promène dans toute la maison, tandis que le poulet prend son temps dans le four. Chez la fille, on est arrivé vers onze heures, elle a mis le poulet dans le four de la cuisinière à gaz. Il sera jamais cuit à midi ton poulet que je lui ai dit. Elle a ri et m'a dit que si, avec le gaz c'était rapide. On a mangé à midi passé, le poulet était cuit, mais il n'avait pas le goût du poulet de chez moi. D'ailleurs, il n'a même pas parfumé la maison. Tu sais gouyat, le progrès, à force de le foutre partout, il tue tout le reste. Alors je te le dis, le gaz, c'est bien beau, mais la cuisine au bois, c'est bien mieux. Tu sais pourquoi ?

— Non.

— Parce que le poulet cuit len-te-ment ! Et c'est ça qui lui donne le goût. Pff mon pauvre, tout va trop vite maintenant.

J'ai pensé que Guillaume était un ennemi de la modernité. Je crois que je me suis trompé. Si la modernité a inventé le gaz qui cuit plus vite, elle a aussi inventé le temps qui fuit plus vite et pas toujours pour notre confort. Elle a aussi inventé la disparition de certains goûts qui n'ont plus le temps de s'arrêter dans notre palais, parce qu'il faut toujours aller plus vite. Elle a donc supprimé les cuisinières à bois qui cuisaient lentement les poulets de Guillaume et qui parfumaient sa maison avec délice.

Je crois que ce n'était pas le goût du poulet que faisait cuire sa femme qu'il regrettait ce jour-là, il devait regretter ce temps qui passe si vite, et qui, bientôt allait emporter sa barque avec ses rhumatismes.

Il l'avait prédit.

Son histoire me rappelle l'histoire de cette femme, qui avait eu des vaches pendant longtemps, et qui bien sûr, buvait du lait de son troupeau. Cessant son activité, ayant vendu ses bêtes, elle prit l'habitude d'acheter le lait au supermarché. Il n'avait pas le même goût, mais jour après jour, elle finit par s'y habituer.

Il y a quelque temps, des voisins, pour lui faire plaisir, lui amenèrent un litre de lait de leurs vaches.

— Tu verras, c'est du vrai. Comme autrefois.

Elle souriait déjà au plaisir qu'elle aurait à le boire. En le faisant cuire, elle se revit dans l'écurie avec son mari, le matin et le soir, à la traite. Elle souriait aux souvenirs de sa vie qui défilaient, alors que le lait frémissait et commençait à former une légère croûte jaunâtre qui deviendrait de la crème. Autrefois, avec cette crème remplie de matière grasse, elle faisait un beurre excellent. Elle essaierait peut-être ?

Une fois le lait cuit, tout fumant, elle s'en remplit un bol. Elle le laissa refroidir un peu, pour prolonger le plaisir, puis le porta à ses lèvres, en but une gorgée, mais, curieusement, ne supporta pas ce goût, qu'elle trouva trop fort.

Surprise, elle recommença, ce fut pareil. Elle mit un sucre, puis deux, même trois, elle qui ne le buvait presque pas sucré, rien ne changeait, le goût restait fort, trop fort, elle ne pouvait pas le supporter. Adieu le plaisir qu'elle attendait.

Il fallut qu'elle se rende à l'évidence, elle avait perdu le goût du lait, de ce bon lait qu'elle avait aimé toute sa vie.

Une larme glissa sur sa joue. Elle sentit ce soir-là qu'à cause des nouvelles manières de s'alimenter une partie de son passé avait disparu.

Épilogue

Tous ces gens que j'ai croisés ne sont plus que des ombres dans ma mémoire. Pour eux, je n'étais qu'un enfant qu'ils rencontraient. Rien d'autre. Enfin, je crois. C'est peut-être ça la vie, un entrelacs de rencontres, de passages furtifs les uns vers les autres, mais qui laissent, souvent dans l'indifférence du moment, une trace, un signe que l'on ne décrypte que bien plus tard.

Maintenant, au regard de ma vie d'homme, je les revois ces instants. D'une seule vision. En bloc et je les apprécie. Agréables, subtils, douloureux. Je ne savais pas qu'ils me seraient utiles.

Il me fallait sûrement tout cela pour m'ouvrir au monde.

Achevé d'imprimer en France – Octobre 2014

ISBN 978-2-36128-305-6
Dépôt légal Octobre 2014

Éditions libre label
BP 84 – 33460 Margaux
www.librelabel.fr – contact@librelabel.fr
Tél. : 05 57 78 62 31